Dans la jungle du placement

Les Éditions Transcontinental
1100, boul. René-Lévesque Ouest
24ᵉ étage
Montréal (Québec) H3B 4X9
Tél. : (514) 392-9000
1 800 361-5479
www.livres.transcontinental.ca

Pour connaître nos autres titres, tapez **www.livres.transcontinental.ca**. Vous voulez bénéficier de nos tarifs spéciaux s'appliquant aux bibliothèques d'entreprise ou aux achats en gros ? Informez-vous au **1 866 800-2500**.

Distribution au Canada
Les messageries ADP
1261A, rue Shearer, Montréal (Québec) H3K 3G4
Tél. : (514) 939-0180 ou 1 800 771-3022
adpcommercial@sogides.com

Données de catalogage avant publication (Canada)

Jarislowsky, Stephen A.
Dans la jungle du placement

(Collection Affaires plus)
Traduit de l'anglais.
Comprend des réf. bibliogr.

ISBN 2-89472-224-9

1. Investissement. 2. Analyse financière. 3. Spéculation. I. Toomey, Craig. II. Titre. III. Collection.

HG4521.J3714 2005   332.6   C2004-942059-3

Révision : Marie-Suzanne Menier
Correction : Josée Bourbonnière
Photo de l'auteur : Laurence Labat
Mise en pages et conception graphique de la page couverture : Studio Andrée Robillard

La forme masculine non marquée désigne les femmes et les hommes.

Imprimé au Canada
© Les Éditions Transcontinental, 2005
Dépôt légal — 1ᵉʳ trimestre 2005
Bibliothèque nationale du Québec
Bibliothèque nationale du Canada

ISBN 2-89472-224-9

Nous reconnaissons, pour nos activités d'édition, l'aide financière du gouvernement du Canada, par l'entremise du Programme d'aide au développement de l'industrie de l'édition (PADIÉ), ainsi que celle du gouvernement du Québec (SODEC), par l'entremise du programme Aide à la promotion.

Stephen A. Jarislowsky

avec **Craig Toomey**

Dans la jungle du placement

Comment j'ai tiré mon épingle du jeu

Traduit par Danielle Charron, trad. a.

Les Éditions
Transcontinental

Table des matières

Avant-propos

L'univers du placement ressemble à une jungle. L'investisseur est une proie convoitée par les gouvernements, les courtiers, les conseillers, les souscripteurs, les dirigeants d'entreprise, les banquiers et les syndicats, sans parler des avocats et des comptables. L'État est sans doute le prédateur le plus menaçant, mais tous veulent leur part du butin. *Caveat emptor* (que l'acheteur prenne garde) est un conseil à suivre en tout temps.

Premier constat : au Canada, la plupart des placements ne rapportent pratiquement rien. Pour l'investisseur qui souhaite obtenir un rendement après impôt et inflation, les espèces ou les obligations ne sont guère intéressantes à long terme. En général, l'immobilier ne fait que suivre l'inflation et l'augmentation du revenu national par personne ; sinon, peu de gens auraient les moyens de se loger. Quant aux actions, à moins de produire des dividendes ou un retour sur le capital, elles ne laissent pas de souvenir impérissable.

La course au profit et la peur sont les deux grands ennemis de l'investisseur. Celui-ci devient incroyablement gourmand lorsque la Bourse est à son meilleur, mais il s'affole au premier signe de fléchissement des marchés. Pourtant, à moins d'investir à court terme, il n'est pas forcément risqué d'acheter quand les cours sont plutôt élevés, alors qu'un titre à bas prix peut représenter une belle occasion… ou un citron si la compagnie fait faillite.

Pour réussir, l'investisseur doit garder son sang-froid, posséder quelques connaissances de base et adopter un bon plan stratégique. S'il peut se laisser guider par son intuition, il doit toujours vérifier le bien-fondé de ses décisions.

Le présent ouvrage est basé sur mes quelque 50 années d'expérience en matière de placement. C'est mon ami Harry Schaefer, de Calgary, qui m'a convaincu de l'écrire. Il a fait le voyage jusqu'à Montréal pour me dire qu'un tel livre était nécessaire, surtout à une époque où les petits épargnants sont littéralement assiégés par des vendeurs de fonds ou autres marchands aux principes douteux. Comme j'étais d'accord avec lui, je me suis mis à jeter sur papier quelques réflexions sur la « jungle du placement ».

Stephen A. Jarislowsky

Chapitre 1

Une vie riche en expériences

Ceux qui liront ce livre, mon premier en 79 ans d'existence, voudront peut-être savoir qui je suis et pourquoi ils devraient prêter une quelconque attention à mes opinions. Mon histoire pourrait être longue, à l'image de ma vie, mais je m'efforcerai d'être bref.

Les activités industrielles et financières remontent loin dans ma famille. Mon grand-père possédait une aciérie dans l'est de l'Allemagne. Il avait également des intérêts dans le charbon et le secteur bancaire, et ses affaires ont été très rentables pendant un certain temps. Il avait horreur du gaspillage, un trait dont j'ai hérité. Pas question de jeter une feuille de papier inutilisée d'un côté : il s'en servirait. Une simple baraque lui servait de siège social, ce que son directeur général réprouvait. « Pourquoi changer ? lui demandait mon aïeul. Cet endroit nous convient puisque nous avons réussi jusqu'à maintenant. » Il supervisait lui-même plusieurs activités et souvent il s'installait à la barrière de son aciérie dès 6 h pour s'assurer que les employés arrivaient à l'heure. Il intervenait dans tous les aspects de son entreprise et détenait le contrôle absolu de toutes les dépenses. C'est de famille. Mon grand-père a transmis ce comportement à mon père, qui me l'a légué à son tour. Et je crois que mes enfants le portent aussi dans leurs gènes.

Je suis né à Berlin en 1925, un an après mon frère Axel. J'avais quatre ans quand mon père est décédé, victime de la scarlatine. Bien qu'âgé d'à peine 30 ans, il comptait plusieurs réalisations à son actif, lui qui avait repris les rênes de l'entreprise familiale dès 1923. En fait, c'était un génie de la finance. Les articles de journaux soulignant les exploits de sa brève mais exceptionnelle carrière en témoignent. Malheureusement, le complexe financier-industriel érigé par ma famille est tombé entre les mains des nazis dans les années 30 et a été étatisé par les communistes en 1947. À ce jour, nous sommes encore en pourparlers avec le gouvernement allemand pour récupérer une partie de cet avoir ou, du moins, pour obtenir un dédommagement.

Avocate de formation, ma mère avait une volonté de fer. Elle a donné naissance à ma sœur peu de temps après le décès de mon père. En 1930, comme elle devait s'occuper de la succession, elle nous a envoyés, mon frère, ma sœur et moi, à Blaricum, une petite ville à une trentaine de kilomètres d'Amsterdam, aux Pays-Bas. Elle y avait loué une maison et engagé un chauffeur, une cuisinière et une servante. Mon oncle et ma tante, qui n'habitaient pas très loin, veillaient sur nous.

Ce couple est devenu en quelque sorte notre famille de substitution. Mon oncle gérait une société qui importait de la marchandise en provenance d'Asie depuis le XVIIe siècle. Homme d'une grande honnêteté, il avait un sens moral élevé et des penchants socialistes. J'avais beaucoup d'admiration pour la générosité dont il faisait preuve envers ses employés et sa famille. Pendant la Seconde Guerre mondiale, il a hébergé toutes sortes de dissidents – tant juifs que communistes.

Ma mère nous rendait visite de temps à autre, mais elle était surtout préoccupée par ses affaires en Allemagne. On m'a inscrit à l'école élémentaire ; je me suis révélé un élève enthousiaste, premier de classe. J'étudiais entre autres la musique et j'allais souvent au musée d'Amsterdam, qui possédait une vaste collection d'œuvres d'art des grands maîtres hollandais. L'art est devenu une passion pour moi ; il l'est toujours.

Ma mère s'est remariée en 1936. Un an plus tard, mon beau-père et elle ont décidé de nous emmener vivre à Paris. Dans l'Europe continentale de l'époque, les enfants de la classe supérieure devaient apprendre à parler couramment l'anglais et le français. Pendant deux ans, donc, j'ai fréquenté l'École du Moncel, pensionnat situé dans les environs de Paris et dirigé par des calvinistes suisses. Puis les nazis ont envahi la France, et nous avons filé vers le sud du pays. Ma famille s'est installée dans un hôtel d'Aix-en-Provence, tandis que ma sœur et moi avons été envoyés en pension dans des écoles des environs. Après un certain temps, j'ai emménagé avec le critique d'art John Rewald et sa femme, et je me suis plongé dans les ouvrages sur les impressionnistes, ce qui m'a permis de développer davantage mon intérêt pour l'art.

Bien qu'ayant toujours obtenu d'excellents résultats, je n'aimais pas particulièrement l'école. J'avais connu une expérience difficile lorsqu'on m'avait arraché de mon milieu hollandais pour me transplanter à l'École du Moncel, où je ne connaissais personne, dans un pays dont je ne parlais pas la langue. Mais je m'étais forcé à m'adapter rapidement et j'avais appris le français. Le pensionnat d'Aix-en-Provence où l'on m'avait inscrit a manqué de nourriture pendant l'hiver 1940-1941. Un jour, on donnait à manger aux élèves assis du côté droit de la table, le lendemain, à ceux du côté gauche. C'était un collège jésuite typique : on y recevait une bonne éducation, il fallait dormir les mains par-dessus la couverture la nuit, et ainsi de suite. Tous ces événements, je les ai vécus non pas comme des épreuves mais comme des défis à relever. L'échec n'a jamais fait partie de mon vocabulaire.

Pour avoir travaillé au sein de la bureaucratie française, mon beau-père en connaissait bien les rouages. À Marseille, il a entrepris de faire sortir du pays toutes sortes de gens en danger, notamment des scientifiques, et de les envoyer aux États-Unis. Il travaillait avec Varian Fry, un Américain éduqué chez les Quakers qui a contribué à sauver la vie de milliers de réfugiés enfermés dans la zone de Vichy. Malheureusement, la Gestapo a intercepté plusieurs lettres que certains d'entre eux ont expédiées à leurs parents et amis pour leur raconter comment ils avaient fui la France. Il est alors devenu évident que nous devions partir à notre tour.

En mars 1941, nous avons quitté la France à destination de New York, où mon beau-père avait un mandat à accomplir au nom du gouvernement français. Nous sommes montés à bord d'un transatlantique qui, étrangement, s'appelait le *S/S Winnipeg*. Après une halte en Algérie et au Maroc, nous avons traversé l'Atlantique en compagnie de 1 000 marins français envoyés en renfort à la garnison de la Martinique, où tout l'or de la France était stocké. De là, nous nous sommes dirigés vers la Guadeloupe et Porto Rico. Nous avons fini par arriver à New York en avril 1941.

Heureusement, nous avions des fonds aux États-Unis. Mon père, guidé par un de ses amis qui était alors président de la société d'investissement bancaire Dillon Reed, y avait placé une centaine de milliers de dollars en 1924, une fortune à l'époque. Ma mère avait fort à faire ; en plus de ces placements, elle devait s'occuper de toute la famille : mon frère (qui, malheureusement, allait mourir de la maladie de Crohn en 1943), ma sœur et mes deux demi-sœurs, les enfants issues de son second mariage. On m'a donc envoyé dans une école privée d'Asheville, en Caroline-du-Nord, pour terminer ma 10e année. J'ai sauté la 11e année et j'ai obtenu mon diplôme d'études secondaires en 1942, fort d'une bonne culture classique et de la maîtrise de plusieurs langues : le français, l'anglais, l'allemand et le hollandais.

À 16 ans, je me suis inscrit en génie mécanique à l'université Cornell, à Ithaca, dans l'État de New York. Les États-Unis étaient déjà en guerre, mais j'ai profité d'un sursis d'appel aux armes puisque je n'avais pas à faire mon service militaire avant l'âge de 18 ans. Pour avoir vécu la guerre en France, je savais à quoi elle pouvait ressembler. Je me souvenais d'un jour du mois de mai 1940, à Paris. J'étais en train de me prélasser dans la cour de notre maison lorsque j'avais aperçu à peu près 400 bombardiers allemands lâcher leurs projectiles sur la banlieue. À la même époque, j'avais aussi vu des avions allemands tirer sur les gens qui s'enfuyaient de Paris. Plus tard, en route vers New York, j'avais été témoin de la destruction de la flotte française à Mers el-Kébir, en Algérie.

Après avoir obtenu mon diplôme de l'université Cornell un peu avant mon 19e anniversaire, en 1944, j'ai dû m'engager dans l'armée américaine. Oncle Sam me voulait! C'est pendant mon entraînement à Camp Blanding, en Floride, que je suis devenu citoyen américain – à l'instar de plusieurs de mes compagnons d'armes immigrants. Le processus a été très rapide parce qu'on ne pouvait pas envoyer d'étrangers se battre outre-mer. On nous a entassés dans un camion et conduits à Jacksonville où on nous a demandé de jurer allégeance aux États-Unis. Je me suis adapté facilement à la vie militaire, car j'étais allé dans une école d'officiers de réserve en France. Comme j'en savais plus que les autres sur l'armée, j'ai été nommé chef de section au camp d'entraînement.

C'est au terme de mon entraînement dans l'infanterie que je me suis initié à la culture est-asiatique. Dans le cadre du programme de formation spécialisée des forces armées offert par l'université de Chicago, j'ai fait des études japonaises, y compris des cours de langue, et j'ai effectué un bref séjour à Camp Stoneman, dans la région de la baie de San Francisco. J'ai ensuite dû passer un an dans les forces d'occupation américaines à Tokyo. Après la traversée du Pacifique, à mon arrivée aux Philippines, l'armée cherchait quelqu'un qui pouvait taper 80 mots à la minute. Je me suis porté volontaire même si je ne tapais qu'avec deux doigts. On s'est bientôt rendu compte que je serais plus utile comme enquêteur spécial pour le service de contre-espionnage de l'armée.

J'étais très intrigué par la culture japonaise, qui m'apparaissait totalement différente de celles que j'avais eu la chance de côtoyer auparavant. Mon séjour au Japon a nourri mon intérêt, car j'ai beaucoup fréquenté les Japonais et je m'entendais bien avec eux. Naturellement, le fait de connaître la langue m'a facilité les choses. Pour quelqu'un de mon âge, j'avais énormément voyagé, je m'adaptais facilement, je connaissais plusieurs langues et je m'étais intégré à de nombreuses cultures. Je pouvais passer pour un Français, un Allemand, un Hollandais ou un Américain. Grâce à mon travail dans le renseignement, j'ai été exempté des tâches qu'on doit normalement exécuter en temps d'occupation et j'ai plutôt consacré mon temps à rencontrer et à interroger des gens en position d'autorité, ce que j'appréciais grandement.

Je n'ai pas eu trop de difficulté à assimiler les us et coutumes du Japon, car j'avais connu plusieurs fils d'immigrants japonais (*nisei*) à Chicago et je continuais de côtoyer des Japonais dans leur milieu. De plus, autre atout pour moi : je participais à la dénazification des Allemands installés au Japon, dont plusieurs faisaient des études japonaises.

Dans le cadre de mes fonctions de contre-espionnage, j'ai été appelé à interroger des Allemands afin de déterminer qui, parmi eux, étaient nazis et devaient être déportés. Sans le savoir, j'ai appris là des techniques d'investigation qui allaient m'être très utiles dans mes activités de recherche sur les valeurs mobilières. C'est également au Japon que j'ai eu ma première expérience en matière de *gouvernance*. Apparemment, la femme du général Douglas MacArthur essayait d'influencer le choix des entrepreneurs chargés de la reconstruction d'après-guerre. C'est du moins une rumeur qui circulait dans mon unité. Et lorsque nous avons commencé à poser des questions, Washington a suspendu nos activités pendant deux semaines.

Je suis revenu aux États-Unis à l'automne de 1946. En vertu du *GI Bill of Rights*[1], j'étais admissible à un programme d'aide financière aux études. Plutôt que de prendre un emploi comme ingénieur, j'ai donc décidé d'approfondir mes connaissances sur l'Extrême-Orient. Mon séjour au Japon n'avait fait que piquer ma curiosité pour cette région et ses cultures. Je me suis à nouveau inscrit à l'université de Chicago pour entreprendre un programme d'études supérieures d'un an sur l'histoire de la culture extrême-orientale. C'était un coup de maître, car j'avais comme professeurs trois des sommités mondiales dans les domaines de l'histoire de la Chine, de l'art de l'Extrême-Orient et de l'étude comparative des religions extrême-orientales.

J'assistais aux séminaires et je travaillais à mon rythme. J'avais la chance inouïe d'explorer davantage les valeurs culturelles et les façons de penser de l'Extrême-Orient. Je préparais une thèse sur la révolution culturelle qu'a connue le Japon entre les VIe et VIIIe siècles, une époque fascinante correspondant à l'invasion de la culture chinoise Tang. J'ai ainsi pu mieux comprendre ce qui se passait dans ce pays pendant l'occupation américaine, immédiatement après la Seconde Guerre mondiale, une autre période de transformation culturelle.

Pendant mes études à Chicago, j'ai écrit des essais qui allaient influencer ma vision des choses et ma philosophie en matière de placement. Dans l'un d'entre eux, *On Understanding*[2], je suis arrivé à une conclusion très simple et évidente : la véritable connaissance ne peut être atteinte que par soi-même. Autrement dit, pour comprendre quelque chose, il faut s'informer, méditer l'information, l'intégrer et décider ce qu'elle signifie et jusqu'où elle peut mener. Personne ne peut le faire à notre place !

---

[1] NDT : Loi américaine instaurée en 1944 en vue de faciliter le retour à la vie civile des combattants de la Seconde Guerre mondiale. En vertu de cette loi, diverses possibilités leur étaient offertes, principalement en matière de formation.
[2] NDT : De la compréhension.

« Je pense donc je suis », a dit Descartes, ce qui exclut la croyance et l'acceptation aveugles. Il faut approfondir les choses pour en comprendre la signification et en mesurer les conséquences. Dans mon essai, j'ajoutais que la compréhension mène forcément à l'action, car la vie doit être vécue et non laissée en friche. La culture japonaise m'avait appris l'importance du *précédent* – l'importance d'être un modèle pour autrui – et la culture occidentale, celle du *leadership*. J'avais l'intention de mener mon existence de façon à intégrer ces deux concepts.

Grâce à mon essai sur la compréhension, j'avais découvert comment je pouvais vivre avec dignité. Mais je ne savais toujours pas à quelle activité je me consacrerais. Jusque-là, ma vie avait ressemblé à un échiquier sur lequel j'avais été forcé d'adopter un jeu défensif. J'avais été ballotté d'un pays à l'autre, d'une école à l'autre ; je n'avais jamais véritablement vécu en famille ; je m'étais conformé aux règles de l'armée ; et j'avais obtenu un diplôme de génie en deux ans et demi, ce qui signifiait que j'avais étudié sans relâche et suivi des cours supplémentaires à chaque semestre. Constamment soumis aux contraintes, je n'avais jamais pu décider par moi-même. En revanche, j'avais acquis beaucoup d'autonomie et une grande capacité d'adaptation. Heureusement, car sans cela je n'aurais pas survécu.

J'étais arrivé à une étape de ma vie où je pouvais enfin prendre les choses en mains. Influencé par mes études orientales et mes études comparatives des religions, j'ai décidé de consacrer ma vie à être *un exemple pour les autres*. Cette ambition – conjuguée à ma conviction selon laquelle la véritable connaissance ne peut être atteinte que par soi-même – a dès lors été mon plus puissant moteur (sans pour autant être le seul). Plutôt que de déplorer tous les bouleversements de ma jeunesse, j'envisageais la précieuse expérience que je pouvais en tirer.

D'après mon bagage génétique, il était temps pour moi de gagner de l'argent et de me croire en mesure de le faire. J'ai d'abord eu l'intention d'amasser un million de dollars avant d'atteindre 40 ans et de devenir ambassadeur américain dans un pays asiatique, de préférence au Japon. Mais je n'en avais pas les moyens. À moins d'avoir passé de nombreuses années dans la bureaucratie, il fallait être riche pour embrasser la carrière diplomatique. C'est du moins ainsi que je voyais les choses. Je voulais aussi être indépendant financièrement. L'argent n'est pas synonyme de prodigalité mais bien de liberté. Il permet de quitter son emploi, de faire autre chose, de faire ni plus ni moins ce que l'on veut, sans se préoccuper de ce que les autres pensent, disent ou voudraient que l'on fasse.

Pour moi, l'argent a toujours été un moyen, non une fin. Étudiant, je vivais de façon frugale. En 1948, ma femme et moi subvenions à nos besoins avec les 105 $ que je recevais chaque mois en vertu du *GI Bill of Rights*. Je ne touchais pas un sou de mon héritage paternel. Je vivais selon mes moyens, une habitude que j'ai conservée lorsque je me suis mis à travailler.

Encore aujourd'hui, je ne dépense pas. C'est une manie dont je ne me suis pas débarrassé. J'habite la même maison à Westmount, avec ma femme, Gail, depuis 32 ans. Les biens matériels ne m'ont jamais attiré, à l'exception des œuvres d'art. Les grandes demeures, les bateaux, les avions privés ne signifient rien pour moi.

Après avoir traversé la guerre et la Grande Dépression, je savais à quel point l'argent était important. Mais je n'avais aucune idée de ce qu'il fallait faire pour s'en procurer, sinon en suivant les conseils de mes parents et de quelques personnes de ma connaissance. Moi-même, je n'avais jamais vraiment gagné ma vie, car jusqu'à l'âge de 22 ans j'avais été aux études ou dans l'armée, et même là je prenais des cours. Or, je sentais bien qu'il me fallait quitter ma tour d'ivoire et entrer dans le vrai monde.

J'ai découvert que je ne voulais être ni ingénieur ni professeur, même si l'université de Chicago m'avait offert un poste après ma maîtrise. Je me suis plutôt inscrit à la Harvard Business School pour y entreprendre mes études en septembre 1947. Il était logique que je veuille me lancer en affaires, mais il me fallait d'abord les connaître à fond pour les « comprendre » !

Pour moi, Harvard a été plus une école de métiers qu'une université, surtout après le festin intellectuel auquel j'avais pris part à Chicago. Je devais passer mes journées à étudier des cas pour ensuite en discuter en classe, avec une centaine de mes condisciples. Tout cela ne menait à rien. Peu d'ouvrages traitaient des problèmes en profondeur et de façon systématique. C'était frustrant pour quelqu'un comme moi qui se considérait comme un intellectuel.

C'est néanmoins grâce à mon séjour à Harvard que j'ai cessé d'avoir peur du monde des affaires. J'ai appris le b.a.-ba de la fabrication, ce qui allait bien avec ma formation d'ingénieur. Comme j'avais toujours eu la bosse des mathématiques, j'ai compris assez rapidement la comptabilité et les finances. Je n'avais jamais travaillé dans la vente ou le marketing, mais ces domaines ne m'apparaissaient pas vraiment difficiles. Les ressources humaines et l'administration avaient beaucoup de points communs avec l'intégration dans un pensionnat ou dans l'armée. Pendant ma deuxième année d'études, j'ai découvert l'univers du placement et plus particulièrement les notions relatives au financement des grandes entreprises et le secteur bancaire. En raison de mon histoire familiale, je n'ai pas tardé à m'y sentir à l'aise.

J'ai terminé ma maîtrise en administration des affaires en 1949, en me classant dans le premier dixième de ma promotion. Au cours de leur carrière, pas moins de sept de mes camarades dirigeraient des entreprises classées dans le Fortune 500. Quant à moi, je ne savais trop ce que j'avais envie de faire. Le succès avait toujours été très important à mes yeux, mais j'avais aussi besoin de me raccrocher à quelque chose qui me donnerait un sentiment d'appartenance. Or, je me sentais quelque peu isolé, *sans réseau*. Quand on est jeune, on n'est sûr de rien. On se demande si on emprunte la bonne voie ou si on perdra son temps. C'est un peu comme marcher dans l'obscurité : on arrive à distinguer le contour des choses sans savoir si on va quelque part.

Le fait d'être marié m'a aidé à me faire une idée. Je n'avais pas vraiment d'autre choix que de gagner de l'argent pour subvenir à nos besoins, ma femme et moi. Heureusement, mes camarades de classe et moi avons été très sollicités par les employeurs. Après la Dépression et la guerre, les grandes entreprises devaient renouveler leur personnel de direction, et elles s'arrachaient les diplômés de la Harvard Business School. Avant d'accepter la proposition d'Aluminum Ltd (maintenant connue sous le nom d'Alcan inc.), j'ai pris soin de bien me renseigner sur cette compagnie en me documentant à la bibliothèque de l'université et en consultant plusieurs rapports financiers. L'emploi qu'on m'offrait semblait prometteur, car je pourrais y mettre à profit ma connaissance des langues, combiner mes compétences en génie et en finances, voyager et peut-être même bénéficier d'une affectation à l'étranger.

J'ai entrepris ma carrière chez Alcan en août 1949, d'abord comme ingénieur dans l'usine de Kingston, en Ontario. Trois mois plus tard, on m'a transféré au service des ventes internationales, au siège social de Montréal. Tout ce que je savais de ce qui deviendrait ma ville d'adoption, c'est qu'elle était au Canada. J'ai donc été très étonné de constater le lendemain de mon arrivée, en sortant de l'hôtel Windsor, qu'on y parlait français… avec un accent difficile à comprendre.

Peu de temps après, j'ai été nommé adjoint de Dana Bartholomew, directeur des finances du holding. Diplômé de Yale et de Harvard, Dana faisait plutôt cavalier seul au sein de la société, mais il connaissait très bien la famille Davis, qui dirigeait Alcan à l'époque. Ce brillant individualiste est devenu mon ami et mon mentor.

Dana m'a chargé d'analyser l'affectation des capitaux. Je devais examiner la situation financière des entreprises constituant le holding, notamment leur fonds de roulement et leurs prévisions de trésorerie. Plus tard, j'ai participé à la supervision des filiales asiatiques et africaines. Parallèlement, j'étais rédacteur en chef du bulletin interne qui présentait les résultats et objectifs de la société aux dirigeants d'Alcan International. Je l'ignorais à l'époque, mais toutes ces fonctions étaient en train de m'initier à l'analyse des titres et aux bonnes pratiques de placement. Depuis mon point de vue privilégié, près du sommet de la pyramide, j'étais à même de comprendre comment une société de taille mondiale mène ses affaires.

À l'âge de 25 ans, j'avais tout du jeune cadre qui réussissait, mais cette situation était loin de me satisfaire, car je ne voyais pas quelles étaient mes chances d'avancement au sein d'Alcan. Mon patron avait au moins 25 années de carrière devant lui, et la perspective de me retrouver directeur des finances dans une quelconque filiale ne me souriait guère. J'étais un travailleur acharné, infatigable et perfectionniste. Comme j'étais beaucoup plus productif et efficace que mes confrères, je disposais de beaucoup de temps pour être mêlé aux politicailleries de l'entreprise, ce qui, à la longue, m'est apparu fastidieux. J'en avais assez de devoir envoyer des tas de copies du moindre document avant qu'une décision soit prise. Je me sentais de plus en plus frustré, car j'aime que les choses se fassent. Je déteste être à la remorque des intrigues politiques.

Lorsque mes beaux-parents sont décédés, j'ai donc demandé à Alcan de m'accorder un congé sans solde pour que je puisse diriger leur entreprise, une maison d'édition de livres d'art établie à New York. Mon séjour dans cette ville a attisé ma passion pour l'art et les œuvres d'art. J'y ai rencontré des peintres et des critiques qui m'ont permis d'approfondir mes connaissances de la peinture. Mais je n'ai pas tardé à me sentir oppressé par New York. Alors père d'un jeune enfant, je trouvais que cette ville ne convenait pas à la vie de famille. De plus, je ne me voyais pas diriger la maison d'édition pour le restant de mes jours. Je l'ai donc vendue à un important concurrent, la New York Graphics Society, et pendant un court laps de temps, je me suis retrouvé, pour ainsi dire, au chômage. Comme nous avions acheté une maison à Mont-Royal peu de temps avant le décès de mes beaux-parents, je suis revenu à Montréal avec en tête quelques idées pour subvenir aux besoins de ma famille.

Plutôt que de retourner chez Alcan, je me suis lancé dans diverses entreprises avec quelques amis, un peu comme on s'adonne à un passe-temps. Il y avait une laverie automatique à Sainte-Rose, qui appartenait à des connaissances de mes beaux-parents ; une compagnie de filage d'aluminium par choc, fondée avec, entre autres, le fils du président d'Alcan ; et une société de fonds de placement dans les secteurs pétrolier et minier. J'ai également publié une fiche de statistiques financières en me servant des techniques d'analyse que j'avais utilisées chez Alcan. Voilà le genre de distractions auxquelles je me livrais à l'époque. Je tâtais de tout, en essayant d'inciter les gens à s'intéresser à différentes activités.

Dans le cadre d'un de nos projets, l'exploitation minière, nous représentions une compagnie new-yorkaise pendant la construction de la mine Campbell Chibougamau, au Québec. J'avais l'habitude de m'y rendre en voiture, même si les routes usaient mes amortisseurs. Quant à notre société de filage par choc, elle était très prospère. J'en ai assuré la direction avant d'en confier les guides à un professionnel du domaine. Elle a été vendue à Consumers Glass beaucoup plus tard. Seule la laverie automatique n'a pas réussi aussi bien. En fait, elle a fait faillite.

Je me suis occupé de ces divers projets jusqu'en 1954. Cette année-là, j'ai fait équipe avec mon ami Jack Brown, qui avait travaillé au service de relations publiques chez Alcan, pour mettre au point un service de publication de rapports statistiques sur différentes compagnies. Il s'agissait d'offrir aux maisons de courtage un outil pour les aider dans leurs recherches. Un an plus tard, nous avions produit des rapports sur quelque 200 entreprises canadiennes : bilans, états des résultats, résultats périodiques, ratios couvrant une période de cinq ans. Grâce à ce type d'information, il était possible de voir si les bénéfices d'une société progressaient, si ses investissements en capital étaient rentables, si elle était solide et bien dirigée, et si elle se classait bien par rapport aux autres entreprises du même secteur. Ce qui avait débuté comme un passe-temps m'a amené à bâtir une entreprise qui dure depuis maintenant près de 50 ans.

En décembre 1955, j'ai eu un différend avec Jack et je lui ai racheté ses parts. Comme notre mise de fonds s'élevait à 100 $, cela ne m'a pas coûté très cher. Puis, j'ai engagé une secrétaire, Stella Scanlan, ainsi qu'un adjoint, Rolf Halle, un Norvégien. Et un jour, après avoir joué au squash avec Scott Fraser, un ami à moi qui travaillait chez McLeod, Young, Weir, et qui avait quelque chose d'un libre penseur, je lui ai demandé de se joindre à nous.

C'est ainsi que Jarislowsky Fraser a vu le jour. Mais nous manquions de clients : avec nos quelque 200 abonnements, nous avions quasiment inondé le marché. Pour faire de l'argent, il nous fallait diversifier notre offre. Avec mon bagage, je pouvais faire de la recherche sur le terrain, rencontrer les dirigeants d'entreprise et préparer des rapports d'analyse. Je me suis donc mis à adapter mes recherches aux exigences des clients. Au bout d'un certain temps, nos services ont été retenus par une société de conseillers en placement de Chicago, puis par d'importantes maisons à New York et à Londres, qui se sont assurées de notre disponibilité mois après mois.

En raison de nos prestations et de notre réputation, nous avons bientôt été appelés à participer à la gestion de caisses de retraite. Celanese Canada, Steinberg et Société maritime CSL ont compté parmi nos premiers clients. D'autres sociétés, telles que la Sun Life et Royal Trust, nous ont aussi permis de partager des mandats, lorsque leurs clients jugeaient qu'ils n'obtenaient pas assez d'attention. À ces activités, nous avons ajouté le conseil en placement auprès des particuliers, la gestion de fondations et la gestion d'autres types de capitaux mis en commun.

Nous avons travaillé pendant près de 10 ans avant d'obtenir un salaire décent. Bâtir une entreprise est un processus très long lorsqu'on part de zéro. Après tout, pourquoi nous aurait-on engagés ? Au début, lorsque les gens nous demandaient qui étaient nos clients, nous leur répondions qu'eux le seraient s'ils retenaient nos services. Nous avions nos moments de découragement.

Nous ne regardions jamais bien loin en avant, une habitude que nous avons conservée jusqu'à ce jour. Je fais ce qui me semble approprié dans une situation donnée, et je maintiens le cap dans cette direction. Je ne crois pas aux plans quinquennaux, aux programmes de 10 ans. J'ai fait beaucoup de plans dans ma vie, mais jamais en affaires. Je saisis les occasions qui se présentent et m'intéressent. Comme plusieurs le font dans leur domaine, j'ai suivi le mouvement. Je crois cependant qu'on doit choisir une occupation pour laquelle on a un penchant naturel et les dispositions qui permettent d'y exceller. Un travail insatisfaisant peut être source de frustration ou de stress et, à la longue, altérer sa vision des choses et miner l'estime de soi. Il vaut mieux changer d'emploi ou de secteur et prendre le risque d'une insécurité temporaire pour cristalliser ses véritables aptitudes et intérêts.

De temps en temps, il m'est arrivé de constater qu'un employé de Jarislowsky Fraser n'était pas fait pour notre secteur d'activité. Parfois, je n'avais d'autre choix que de le remercier de ses services, non sans lui expliquer que cette décision, bien que pénible, lui permettrait peut-être de découvrir ses véritables compétences et de s'épanouir. Nous avons aussi transféré aux ventes et au service à la clientèle des gens qui n'avaient pas les qualités pour réussir dans l'analyse de titres. Je me souviens de deux employés qui ont grandement bénéficié du changement, car leur connaissance de la recherche s'est avérée un atout majeur dans leurs nouvelles fonctions ; elle leur a permis de briller.

Contre toute attente, Jarislowsky Fraser a été ma principale activité professionnelle. Notre société a connu une croissance constante et ininterrompue, sauf durant la longue sécheresse du début des années 90, où nous avons perdu plus du tiers de nos caisses de retraite. Au moment d'écrire ces lignes, en janvier 2005, nous sommes l'une des plus importantes sociétés privées de gestion de fonds au Canada ; Jarislowsky Fraser gère un actif de plus de 47 milliards de dollars pour le compte de gouvernements, de sociétés, d'universités, d'institutions et de syndicats.

Cette croissance est due à une philosophie de placement qui n'a guère changé au cours des années. Avant de faire l'acquisition de titres de valeur et de croissance, nous effectuons des visites approfondies des sociétés en compagnie des cadres supérieurs. Nous nous efforçons de travailler avec diligence, afin que nos clients profitent de placements à faible risque et à rendement continu, et qu'ils paient les frais parmi les moins chers du secteur. De cette manière, nous donnons l'exemple à l'industrie du placement.

Pendant près d'un demi-siècle, nous avons bâti notre entreprise petit à petit, sans jamais nous presser ni diversifier nos marchés, sauf en ouvrant des bureaux à Toronto et Calgary. Nous avons travaillé du mieux que nous avons pu, en restant fidèles à notre philosophie. Nous l'avons perfectionnée au fil des ans et mise en œuvre avec l'aide des meilleures ressources. Nous avons formé nous-mêmes nos employés et rarement embauché des gens ayant déjà plusieurs années d'expérience, avec pour résultat une culture qui nous est propre et un roulement de personnel relativement faible.

Notre philosophie de placement repose sur les principes prudents et éprouvés de la recherche fondamentale. Nous constituons des portefeuilles diversifiés de grande qualité, conçus pour protéger le capital investi et pour procurer à nos clients une croissance à long terme. Cette méthode nous a permis d'obtenir des rendements presque toujours supérieurs à la moyenne malgré un contexte économique souvent instable. Elle s'avère particulièrement efficace pour réduire au minimum la volatilité qui prévaut actuellement dans les marchés internationaux. Si nous avons réussi, c'est que, forts de nos résultats de recherche, nous avons effectué des placements dans des sociétés de premier rang, bien gérées, qui ont fait leurs preuves et qui sont solides financièrement. Chaque année, nos professionnels du placement suivent plus de 200 sociétés canadiennes, 150 sociétés américaines et 150 sociétés d'autres pays, et visitent fréquemment nombre d'entre elles.

Notre mission n'a jamais été strictement commerciale. Nous nous sommes efforcés d'agir de manière juste et éthique. Nous avons défendu les principes de bonne gouvernance au sein des entreprises canadiennes et, plus d'une fois, nous nous sommes battus pour que nos clients obtiennent une juste valeur lors de prises de contrôle. Nous avons fait pression pour que ces principes soient clairs et rigoureux. Les gens qui nous confient leur argent doivent finir par enregistrer de bons résultats. Ils doivent également savoir que, même dans les pires moments, comme des années 1999 à 2003, et malgré les inévitables pertes subies durant les crashs boursiers, ils peuvent se fier à notre jugement, à notre professionnalisme et au fait que nous ferons tout en notre pouvoir pour protéger leurs placements. Cette certitude vient à point nommé à une époque où l'intégrité des entreprises est sévèrement remise en question. Et je ne parle pas que des sociétés dans lesquelles nous investissons, mais aussi de celles du secteur du placement.

En tant qu'analyste en chef de la recherche chez Jarislowsky Fraser pendant près de 40 ans, j'ai passé en revue pratiquement tous les secteurs d'activité et j'ai été amené à intervenir dans plusieurs d'entre eux. Je crois que je sais évaluer la situation d'une entreprise et la façon dont elle est gérée. Je tire mes conclusions d'une analyse approfondie de tous les aspects de l'entreprise et non d'une simple compilation de statistiques.

Je crois savoir comment on dirige une entreprise. En fait, je pourrais être chef de la direction d'une grande société. J'ai été administrateur principal au sein de nombreux conseils d'administration, et je le suis encore pour une ou deux compagnies. Avant d'investir dans une société, il faut savoir comment elle fonctionne, évaluer les compétences de son personnel, comprendre le fonctionnement de son secteur d'activité et connaître ses concurrents. Sous plusieurs aspects, une société est comme une œuvre d'art : il faut se concentrer sur elle pour vraiment la connaître, ne la voir que pour ce qu'elle est et l'assimiler.

Ayant siégé à une vingtaine de conseils d'administration, je pense savoir ce que font les administrateurs et le président, comment prendre les dirigeants et quelles questions leur poser. Comme ils savent qui je suis, ils ne me racontent pas n'importe quoi. Cela joue dans les deux sens. Si j'étais nommé administrateur d'une société comme Alcan aujourd'hui, je serais efficace en relativement peu de temps. Je connais son secteur, son mode de fonctionnement, son type de gestion et ses préoccupations.

J'ai été un membre actif au sein des conseils d'administration. De cette manière, j'ai pu comprendre les rouages internes du genre d'entreprises dans lesquelles nous investissons, j'ai appris à reconnaître les caractéristiques d'une grande société, j'ai eu l'occasion de rencontrer des gens exceptionnels qui sont devenus mes amis et j'ai eu le plaisir de participer à des projets dont le succès a dépassé toute attente.

J'aime résoudre des problèmes, réaliser des projets et obtenir des résultats. En tant qu'administrateur, j'ai beaucoup de plaisir à faire table rase des vieilles habitudes d'une société. En 2003, j'ai participé à un tel nettoyage en Colombie-Britannique. Il fallait changer la culture d'entreprise et, pour ce faire, nous avons, entre autres choses, nommé un président qui avait une culture différente. Les compagnies dans lesquelles nous investissons doivent être menées par des dirigeants et des gestionnaires hors pair.

Il m'est arrivé de faire des erreurs de placement. On peut toujours se faire surprendre. N'importe qui peut se tromper ; cela fait partie de l'apprentissage. Je suis d'une nature plutôt impatiente et colérique, quoique, comme un nuage, ma colère se dissipe rapidement. Je ne suis pas rancunier ni vindicatif. Il m'importe peu qu'on fasse des erreurs, du moment qu'on en tire une leçon ou qu'il ne s'agit pas d'erreurs stupides.

S'il arrive qu'une entreprise dans laquelle nous avons des intérêts se révèle mal gérée, nous ne nous contentons pas de vendre nos parts, même si dans plusieurs cas nous n'avons pu faire autrement. La plupart du temps, notamment en situation de prise de contrôle, nous résistons et faisons tout ce que nous pouvons pour protéger les placements de nos clients. Malheureusement, il arrive trop souvent que les lois et l'appât du gain favorisent l'entreprise au détriment des investisseurs. Et dans ce genre de situation, il est rare qu'on puisse espérer quoi que ce soit de nos commissions des valeurs mobilières.

En réalité, les lois et règlements en matière de valeurs mobilières sont fortement influencés par la grande entreprise (et ses avocats grassement payés). Celle-ci porte peu d'attention au petit actionnaire et n'a que faire de l'épargnant une fois qu'elle a obtenu son argent. En cas de litige, le particulier ne peut pas non plus compter sur le sens de la justice et de l'éthique des commissions des valeurs mobilières. À moins de dénoncer une pratique clairement illégale, il ne lui sert à rien de recourir aux organismes de réglementation. Et les rares fois où ceux-ci interviennent, leurs avocats relativement mal payés servent de pâture à ceux des prédateurs ou alors les procès traînent en longueur. Justice différée est justice refusée.

La défense des bonnes pratiques d'affaires est en harmonie avec ma philosophie altruiste. Aider les autres m'a beaucoup rapporté. Si l'on prétend avoir un sens moral, il faut s'y conformer. Cette croyance est un trait de mon caractère. Je ne sais pas d'où il vient. Peut-être d'un sentiment d'insécurité, du besoin d'attention… du désir d'être aimé et respecté. Qui sait ?

Ce sont sans doute mes insécurités qui m'ont amené à développer cette mentalité et à exercer ma profession. Mais quoi qu'il en soit, je suis d'avis qu'il faut assumer ses responsabilités et faire de son mieux en toute chose. J'ai été très influencé par Søren Kierkegaard, philosophe danois du XIXe siècle. Il avait une conception des religions très originale et antidogmatique, et il accordait de la valeur aux réalisations et aux actions individuelles. Selon ma propre philosophie, lorsqu'on est en affaires, on doit agir comme une obligation : on donne 5 % d'intérêt, on dispose d'un fonds d'amortissement et on rembourse le capital au bout de 20 ans. Autrement dit, en affaires, on fait tout à la perfection. La vie privée, qui est moins prévisible, ressemble davantage à une action. Si quelqu'un veut se mettre dans le pétrin dans sa vie privée, personne n'y peut rien. Mais, de grâce, qu'il laisse ses ennuis en dehors de sa vie professionnelle.

Chez Jarislowsky Fraser, l'argent n'est pas une fin en soi. Nos frais sont parmi les moins élevés du secteur du placement. Nous pourrions les augmenter et ajouter facilement quelques millions de dollars à notre chiffre d'affaires, sans pour autant perdre de clients. Mais ce n'est pas notre but. Notre rôle consiste à faire fructifier l'argent qu'on nous a confié. Si cette activité nous rapporte, tant mieux! Mais le client doit être le premier bénéficiaire.

Malheureusement, le client se fait souvent exploiter dans notre secteur, et pas seulement par les conseillers en placement. Les maisons de courtage et les sociétés de fonds communs jouent un rôle qui n'est guère plus reluisant. Tous cherchent à faire le plus d'argent possible au détriment du client, notamment en lui faisant payer les frais les plus élevés possibles. S'il y avait moins de cupidité et plus de professionnalisme dans ce secteur, tout le monde y gagnerait.

Je me suis donné comme mission de dénoncer les rapaces qui peuplent la jungle du placement. Si je soupçonne qu'une compagnie trompe ses actionnaires, j'écris une lettre à un organisme de réglementation. Parfois, je fais assez de bruit pour qu'on en parle dans les journaux. J'espère ainsi améliorer les choses de façon ponctuelle, rejoindre des gens qui autrement n'auraient jamais entendu parler de ces abus et, qui sait, faire en sorte de changer certains règlements en matière de valeurs mobilières. Mais je suis réaliste. Ce serait me leurrer que de croire que je peux changer le monde. Je dis simplement ce que j'ai à dire. Si on m'écoute, tant mieux. Si on s'y objecte, tant mieux aussi. On est toujours agréablement surpris lorsqu'on n'a pas de grandes attentes. Je sais pertinemment qu'au cours d'une vie il est possible de changer certaines choses, mais pas la nature humaine.

Les gens les plus dangereux sont les grands idéalistes. Les Hitler, Trotsky, Mao et autres prédicateurs qui justement essaient de transformer la nature humaine. Le hic, c'est que l'être humain n'est et ne sera jamais parfait. Même dans un régime communiste, ceux qui se trouvent au sommet seront tentés de voler l'État et leurs semblables.

J'ai été coupable d'une telle forme d'idéalisme dans ma jeunesse. Je croyais que dès qu'on découvrait une bonne idée, le monde entier la comprenait et voulait la mettre en œuvre… et que la terre pouvait se transformer en paradis. Tout le système d'enseignement des arts libéraux à Chicago était basé sur *l'histoire de l'humanité* et ce concept des *Grandes Idées*. Or, il n'a pas changé la nature humaine. Peut-être l'a-t-il influencée, mais il ne l'a certainement pas changée.

Je me vois comme quelqu'un d'honnête, qui n'envie personne. Je n'essaie pas de soutirer de l'argent aux clients en leur tendant des pièges, en les escroquant ou en leur demandant des frais exagérés. Je ne crois pas en la vie après la mort ; les années que j'ai passées chez les calvinistes, les jésuites et les épiscopaliens ont littéralement fait de moi un agnostique. J'ai peine à m'imaginer tranquillement assis sur un nuage blanc, dans le silence le plus complet, pendant 100 millions d'années. Ce serait terriblement ennuyeux. C'est de la fiction tout ça. Ce qui ne signifie pas que la conscience morale et le sens des responsabilités n'ont pas leur place dans notre monde. Ma religion, c'est l'éthique d'Aristote.

Si je travaille toujours à mon âge, c'est que je pense pouvoir être encore utile. Une retraite en Floride ne me stimulerait pas intellectuellement. Je ne me vois pas en train de poursuivre une petite balle du matin au soir et exulter lorsque je fais mieux que ma moyenne. Je ne crois pas que cette activité puisse justifier une existence ou qu'elle soit une ambition digne de ce nom. C'est une façon d'occuper son temps libre avant la mort, pas plus !

Je suis curieux de la nature humaine. J'aime savoir ce que les gens pensent et comprendre ce qui les motive à agir comme ils le font. J'aime avoir la main haute sur les choses. Un entrepreneur doit montrer qu'il suit ses affaires de près et qu'il connaît toutes les facettes de son entreprise. Pour ma part, l'informatique est le seul secteur que je ne connais pas. Ça ne m'a jamais intéressé ! Je sais à quoi l'informatique sert, ce qu'on peut en obtenir, quelles questions poser aux informaticiens et ce qu'il ne faut pas faire. Mais de là à m'y mettre… Je suis certain qu'Internet me fascinerait et serait beaucoup trop distrayant !

Ma soif d'apprendre m'a amené à avoir toutes sortes de passe-temps. J'ai collectionné les grands vins, les œuvres d'art chinoises, les antiquités, je me suis mis à la musique, etc. Je m'intéresse à tout, surtout dans le domaine culturel. Mon amour de l'art remonte au temps où je vivais en Europe et au Japon, où je suis devenu un vrai collectionneur. On fait l'acquisition d'une œuvre d'art exactement comme on investit dans une action : on souhaite acheter au bon moment un produit de premier ordre.

Au cours de ma vie, j'ai énormément apprécié participer à des œuvres de bienfaisance. Nous avons donc mis sur pied la Fondation Jarislowsky, à laquelle Jarislowsky Fraser contribue financièrement chaque année. Jusqu'à maintenant, nous avons accumulé un capital de quelque 45 millions de dollars, et avons financé 11 chaires universitaires. J'aide également à établir un centre d'information sur le cancer de la prostate pour l'ensemble du Québec. À mon âge, on n'a aucune ambition financière. Ma compagnie ne me verse même pas de salaire. L'argent est avant tout une responsabilité.

Passer près de 50 années à diriger Jarislowsky Fraser m'a procuré une profonde satisfaction et une vaste gamme d'expériences. La société est maintenant entre les mains d'une deuxième génération ; de l'équipe de la première heure, il ne reste plus qu'un de mes associés et moi-même. Lorsque j'ai atteint 65 ans, le *Globe and Mail* a annoncé que je prenais ma retraite. C'était vrai dans la mesure où « prendre sa retraite » signifie se consacrer à ce qu'on aime et qu'on a toujours voulu faire. J'ai toujours fait ce que j'ai aimé. Mon travail est et a toujours été un passe-temps pour moi.

Chapitre 2

Le détournement du mal terroriste

Pour faire des placements qui rapportent, il faut évaluer avec calme et réalisme le contexte social, économique et politique dans lequel on se trouve. Mes études classiques et mes expériences de jeunesse m'ont profondément marqué; elles m'ont donné une vision du monde qui n'a guère changé en 50 ans. J'ai horreur de l'extrémisme et du fanatisme, qu'il soit religieux ou idéologique. Je doute des compétences de nos dirigeants politiques et je considère que peu de nos élus sont dignes d'admiration. On ne me trompe pas facilement avec de fausses promesses et des prédictions idylliques. Je n'ai que mépris pour l'exagération et tout ce qui permet aux émotions injustifiées de prendre le dessus sur le bon sens et la raison. Je crois à la modération et aux droits individuels, et j'adopte une perspective à long terme dans la plupart de mes projets.

Si l'on me demandait de tracer rapidement le portrait du monde tel qu'il m'apparaît en ce début de millénaire, je dirais que l'économie et le système politique sont bien mal en point, malgré ce que les politiciens veulent nous faire croire!

Les États-Unis sont à peu près le seul pays véritablement productif, vraiment solide. Au Canada, la productivité stagne et le niveau de consommation augmente plus rapidement que la masse salariale ; il en résulte un endettement excessif et un marché boursier à la remorque de celui de nos voisins du Sud. Dans la plupart des pays européens, le taux de chômage demeure très élevé, les impôts sont démesurés, les lois sociales découragent les investisseurs, et la productivité fait là aussi piètre figure comparativement à la productivité américaine. Quant au continent africain, tout ce qu'on peut en dire, c'est qu'il baigne dans les dissensions ethniques, les régimes dictatoriaux et les détournements de fonds.

Le chaos règne en Russie, tandis que l'Amérique du Sud a de la difficulté à se défaire de ses vieilles habitudes ; la culture constitue un obstacle de taille à la stabilité économique, et le vol continue de sévir. À quelques exceptions près, il serait difficile de justifier des investissements dans cette partie du globe.

Au Japon, le gouvernement est embourbé dans les dettes et se serait déjà effondré si les taux d'intérêt avaient suivi la tendance mondiale et n'étaient pas maintenus à 1 % ; la créativité individuelle est freinée par les contraintes sociales ; et le niveau de vie est beaucoup trop élevé par rapport à ce qu'il est dans le reste de l'Extrême-Orient. Le Japon ne peut pas faire concurrence à des pays comme la Chine, Taiwan et la Corée. Quant à la région de l'Asie du Sud-Est, elle est littéralement enlisée dans l'égoïsme politique et les normes morales douteuses, et il y a pire encore.

Pour compléter le tableau, les événements politiques ont bouleversé le monde. Le fanatisme fait partie de la nature humaine. Les grandes organisations, qu'il s'agisse de pays, de tribus ou de communautés religieuses sont toujours en cause dans la guerre, l'intolérance collective et les préjugés insensés. Les régimes démocratiques sont peut-être moins exposés que les dictatures à ces formes de haine organisée et inutile, mais avec la mondialisation, des gens de partout dans le monde y sont mêlés. Résultat, une propension à la panique :

on se comporte comme des lièvres qui s'affolent à la vue d'un loup ou d'un renard. Après les attaques terroristes du 11 septembre 2001 aux États-Unis, la peur s'est véritablement généralisée.

Mais on ne doit pas se laisser envahir par des pensées apocalyptiques. Dans 80 à 90 % des cas, la menace terroriste est inventée de toutes pièces, et son effet sur l'économie est exagéré. Ce ne sont pas tant les événements tragiques du 11 septembre qui ont provoqué la récession à l'échelle mondiale qu'une décennie de surconsommation conjuguée à une absence d'épargne, dans un contexte de marchés haussiers et de bulles spéculatives (créé par les technos et les point-coms). Les baisses de revenu et l'augmentation du taux de chômage aidant, l'apparence de prospérité a toutefois disparu. Il a fallu expier ses péchés d'avidité et de complaisance. Aux prises avec une gueule de bois causée par 10 ans d'excès, le consommateur a dû rembourser ses dettes et recommencer à mettre de l'argent de côté.

Il est normal de traverser une récession après une phase d'expansion des marchés comme celles que nous avons connue en 1932 et à la fin des années 90. Mais dans ce cas-ci, la Réserve fédérale américaine a maintenu les taux d'intérêt à des niveaux inhabituellement bas et a procédé à une injection massive de fonds dans le système bancaire pour favoriser les prêts à la consommation, ce qui a eu l'heur d'atténuer les effets du ralentissement économique. Et lorsque ces mesures n'ont plus suffi, le gouvernement américain a réduit les impôts à un point tel qu'il accuse maintenant un déficit budgétaire important. Puis il a dévalué sa devise pour rendre le pays plus concurrentiel et exporter sa récession au Canada et en Europe. Pendant ce temps, les emplois du secteur de la fabrication ont continué d'être exportés dans des pays comme la Chine, où la main-d'œuvre est bon marché.

À cause de ces mesures artificielles, on ne semble pas encore avoir atteint un point de non-retour. Mais on ne peut s'attendre à ce que se prolonge indéfiniment une situation où les dépenses de consommation et d'habitation sont basées sur l'endettement et de faibles taux d'intérêt. Si la valeur du dollar américain continue de baisser, comme en 2003 et en 2004, les gens qui possèdent des obligations et des espèces américaines seront de plus en plus nombreux à vouloir s'en départir. Pour contrecarrer cette vague, les États-Unis devront augmenter les taux d'intérêt de façon assez substantielle. Les consommateurs traverseront alors une mauvaise passe. D'autre part, à un taux d'intérêt à court terme de 1 %, les obligations d'État américaines ne sont guère alléchantes pour les étrangers. Bref, en essayant de prévenir la récession, on a favorisé l'endettement ; l'inflation est la seule façon de se sortir de ce bourbier.

Dans une large mesure, cette réalité économique est occultée par l'hyperbolique « mal terroriste ». À mon sens, une telle calamité n'existe pas ; le terrorisme a été détourné par le président George W. Bush pour des raisons politiques. Il y a toujours eu des actes terroristes dans les pays où les dirigeants sont ni plus ni moins que des voleurs ; il n'est pas vraiment surprenant que plusieurs citoyens contestent cette forme de gouvernement. Le 11 septembre 2001, certains groupes islamiques ont tenté de dire aux Américains que leur nation n'est pas complètement invulnérable et que les mesures qu'elle applique au Moyen-Orient sont totalement injustes. Pour moi, les résistants irakiens ne sont pas plus terroristes que les Français, les Tchèques, les Hongrois et les Polonais pendant la Seconde Guerre mondiale. Tous se sont battus pour empêcher un envahisseur d'entrer dans leur pays.

Certes, il y a eu terrorisme, mais pas au point de nécessiter une « guerre au terrorisme ». En réalité, je crois que M. Bush a contribué à la montée de la violence en Afghanistan et en Irak. En substance, les peuples afghan et irakien n'acceptent pas que les États-Unis occupent leur territoire, n'apprécient pas le colonialisme, n'aiment pas être représentés par une poignée de politiciens faux jetons. Les Américains ne comprennent pas les valeurs culturelles de cette région du globe et ils se leurrent s'ils croient pouvoir instaurer la démocratie dans des pays qui ne l'ont pas connue au cours des 10 000 dernières années.

Personne n'oserait prétendre qu'il est possible de changer la culture américaine en une semaine. Pourquoi en irait-il autrement de cultures vieilles de milliers d'années ?

Il est clair que le Moyen-Orient est une soufrière politique et que, tôt ou tard, il faudra s'en occuper. Dans la pratique, des pays comme l'Israël ou l'Iran ne sont plus vraiment des États religieux. Ce sont plutôt des régions où les gens se voient comme des Juifs ou des Shiites, qu'ils soient pratiquants ou non. Je considère que l'État religieux, de quelque confession que ce soit, n'a plus de raison d'être de nos jours. Il y aurait lieu de suivre l'exemple de tolérance du Canada. Après la conquête, les Anglais n'ont pas tenté de contrôler l'entrée au pays de manière à ce que leur faction constitue toujours plus de la moitié de la population, comme on tente de le faire en Israël. À la longue, les régimes comptant des citoyens de premier et de second ordres ne fonctionnent pas. L'Afrique du Sud en est un exemple.

L'État d'Israël compte lui aussi deux catégories de citoyens, ce qui n'a donné rien d'autre que de l'instabilité au cours des 60 dernières années. Il est évident que ces deux groupes doivent trouver un compromis pacifique, qui leur permettra de vivre en bonne intelligence. L'attitude haineuse d'Ariel Sharon ne favorise certainement pas une paix durable. Tôt ou tard, des frontières devront être délimitées et garanties à l'échelle internationale. Parmi mes amis juifs, plusieurs partagent mon point de vue, alors que les autres me prennent pour un antisémite. Je leur rétorque que l'impartialité ne peut faire de moi un antisémite, car les Palestiniens sont sémites au même titre que les Juifs. Mais ils ne voient pas les choses ainsi. Cela ne me dérange pas particulièrement, car je sais qu'en fin de compte je ne fais que suivre la voie de la raison.

Les Américains n'avaient aucune raison valable d'entrer en Irak comme ils l'ont fait pour déloger le gouvernement en place. S'ils suivent le même raisonnement, ils pourraient bien envahir une cinquantaine d'autres pays. Pourquoi s'arrêter à celui-là ?

Dans le cadre de sa « guerre au terrorisme », le président Bush prétend que n'importe qui peut être un terroriste. À mes yeux, cette attitude s'apparente à celle des nazis à l'égard des Juifs. Hitler était convaincu que les Juifs étaient à l'origine de tous les malheurs qui s'abattaient sur les Allemands. En jouant la fibre patriotique et en prétextant la guerre, M. Bush a réprimé la critique. On est loin du modèle universel de démocratie.

Les politiques de Bush ont engendré une forme de maccarthysme à grande échelle. La plupart des Américains réfléchis, cultivés et qui ont voyagé ne sont pas dupes. Ils savent qu'à cause de l'attitude de leur président, ils projettent une image encore plus désastreuse qu'auparavant. Bush est littéralement en train de détruire ce que l'Amérique incarne. En en faisant grand étalage, il a dénaturé tous les principes que nous avons défendus pendant la Seconde Guerre mondiale : les valeurs démocratiques, les droits de la personne et la liberté. Il est tout à fait ridicule que quelqu'un de mon âge soit obligé d'enlever ses chaussures, de retourner sa boucle de ceinture et d'ouvrir sa braguette lorsqu'il veut prendre l'avion.

J'ai admiré les États-Unis dans le passé, mais je crois qu'actuellement on y fait preuve d'un nationalisme malsain : la moindre remise en question est taxée d'antipatriotisme. Je suis désolé de voir autant de gens se prendre pour des demi-dieux, se croire supérieurs au reste de l'humanité. C'est le genre de convictions dont j'ai été témoin dans ma jeunesse et que j'ai toujours déploré.

Je suis fier de voir que le Canada a refusé de marcher dans les traces des États-Unis en Irak. Nous n'avons pas à suivre les Américains, et nous devons continuer de montrer une plus grande ouverture d'esprit et une plus grande humanité. Nos dirigeants doivent avoir d'autres motivations qu'une victoire aux prochaines élections.

Cette fermeté ne compense en rien le fait que le Canada a été mal géré pendant de nombreuses années. Comme c'est un pays très riche, il a pu se le permettre. Mais il reste qu'en moyenne notre niveau de vie est nettement inférieur à celui des Américains, et cela, sans raison.

Un des problèmes dans notre pays, c'est qu'au niveau fédéral, le parti au pouvoir ne fait face à aucune opposition réelle, sauf s'il forme un gouvernement minoritaire. En ce sens, les résultats de l'élection de juin 2004 ont amélioré les choses, car ils ont forcé les politiciens à être vigilants. Mais l'histoire démontre que ce type de régime ne tient pas longtemps au Canada. Voilà qui souligne encore une fois la nécessité de renouveler nos institutions démocratiques, notamment en instituant un Sénat soumis à l'élection. En réalité, ce sont les gouvernements provinciaux qui constituent la véritable opposition au gouvernement fédéral. Ils ont beaucoup plus de pouvoir que les États de notre voisin du Sud. De fait, le Canada est plus une fédération de provinces qu'un pays unifié.

La domination du Parti libéral du Canada est l'héritage que nous a laissé Brian Mulroney, mais elle est aussi le résultat de notre apathie collective. En général, les Canadiens n'attachent guère d'importance à la chose politique et aux affaires gouvernementales. Cette passivité et l'absence de grandes espérances sont à la source d'importants problèmes dans notre pays. Ni combattants ni idéalistes, nous sommes surtout préoccupés par notre bien-être personnel. Tout ce qui importe, c'est que chacun soit relativement heureux.

Il s'ensuit que l'excellence est une denrée rare au Canada. Pas étonnant : en général, les gens n'y aspirent pas. Les Canadiens veulent surtout avoir une vie agréable et facile. Outre la température, nous n'avons pas de véritable ennemi pour nous tirer de cette indifférence. Encore qu'on ait pratiquement vaincu cet adversaire grâce aux systèmes de chauffage et aux automobiles. Par grand froid, il n'est même pas nécessaire de sortir à l'extérieur pour aller travailler.

On passe d'un garage à l'autre ou encore on utilise l'ordinateur, le courriel, le téléphone. On n'est même pas forcé de quitter la chaleur de son foyer… sauf si sa douce moitié n'est pas de cet avis !

De retour dans son pays d'origine, un Chinois qui avait immigré à l'Ouest aurait dit que le Canada est un pays de premier ordre peuplé de gens de deuxième ordre, car ils élisent des gouvernements de troisième ordre. Je suis de cet avis. J'en viens même à penser que, dans la plupart des cas, le gouvernement est le pire ennemi d'un pays ou d'une province. Pourtant, je ne suis pas un anarchiste ; je suis convaincu que nous avons besoin des lois, de mesures pour les appliquer et de nombreux services publics pour nous fournir l'eau courante, le système routier et tout le reste. Je crois, comme Churchill l'a dit, que la démocratie est le pire des régimes à l'exclusion de tous les autres.

C'est uniquement quand les choses vont très, très mal, en temps de guerre par exemple, ou pendant les crises économiques, que les démocraties se montrent sous leur meilleur jour. On y retrouve alors des gens solides qui prennent les devants pour ramener le bon sens et l'efficacité. En temps de paix, ou plutôt quand l'heure n'est pas clairement aux hostilités, les démocraties ont tendance à produire de piètres gouvernements. Ça semble universel ; ce n'est pas l'apanage du Canada. La raison en est bien simple : les politiciens se plaisent à penser qu'on les porte au pouvoir parce qu'ils administrent bien le pays. Après tout, se disent-ils, si les gens ne voulaient pas de nous, ils auraient élu nos adversaires. Quel est le secret de la victoire électorale ? Il suffit de soutirer de l'argent à ceux qui l'ont gagné et mis de côté, et de le redistribuer à ceux qui n'en ont pas. Puisque la deuxième catégorie est toujours plus nombreuse, c'est une formule gagnante.

Au Canada, la baisse du taux de productivité, la quasi-absence d'épargne, l'avidité du fisc, la faiblesse des investissements, l'importance du taux de chômage et la fuite des cerveaux sont autant de maux qui peuvent être imputés à une forme vétuste d'administration publique, prise en mains par des gens qui aspirent uniquement à être réélus. Plutôt que de s'occuper du progrès économique à long terme, ce gouvernement a préféré s'assurer le pouvoir à perpétuité en mettant de l'avant des politiques d'achat massif de votes. Il est de plus en plus évident que cette stratégie s'avère, à la longue, autodestructrice.

Malgré ses lacunes, le système gouvernemental américain surpasse celui de bien d'autres pays, dont le Canada. Voici pourquoi. Le Canada et la plupart des pays européens (à l'exception des Pays-Bas et de la Suisse) ont en commun un pouvoir centralisé, un filet de sécurité social très coûteux, des syndicats forts et un souci du bien-être collectif plutôt qu'individuel. Pour sa part, le gouvernement américain est littéralement coincé par un système de freins et de contrepoids qui empêche une forte concentration du pouvoir à quelque niveau que ce soit, y compris celui du président ou du Congrès. L'accent n'est pas mis sur la collectivité, mais sur la personne, son bonheur et son développement. Dans ce contexte, les impôts ne sont pas trop élevés, l'initiative personnelle est fortement encouragée, les syndicats n'ont que peu de pouvoir et les gens qui ne peuvent pas s'aider eux-mêmes retiennent moins l'attention de tous. Résultat, une main-d'œuvre beaucoup plus mobile, l'adaptation aux réalités économiques et des tensions sur le plan individuel. Tous les ingrédients de la motivation!

J'admire également le dynamisme des Américains, leur poursuite de l'excellence et leur tradition d'œuvre de bienfaisance. J'ai la fibre patriotique un peu plus aiguë à l'égard des États-Unis, car j'y ai fait mon service militaire et j'y ai acquis ma formation universitaire. C'est sans doute pourquoi je m'identifie encore à eux. Que ce soit pour une bonne ou une mauvaise cause, dès qu'on se bat pour un pays, on développe un sentiment d'appartenance à son égard. Ce qui ne veut pas dire que j'aie quoi que ce soit à voir avec la droite religieuse. Je déplore également le fait que les Américains n'acceptent pas les mauvaises passes. Il est illusoire de croire qu'on peut nager indéfiniment dans la prospérité. Je ne souhaite pas que les États-Unis traversent une crise, mais je n'approuve pas l'égoïsme et les excès qui caractérisent leurs marchés.

Je crois que la plupart des pays devront modifier leurs normes culturelles et leurs systèmes gouvernementaux pour devenir véritablement concurrentiels et favoriser les droits individuels. Chacun devra créer des mécanismes de freins et de contrepoids pour limiter le pouvoir de l'État et élire des dirigeants plus intelligents. Il s'agit là d'un objectif ambitieux qui nécessitera sans doute plusieurs révolutions tranquilles partout dans le monde. Mais si on n'y voit pas à temps, je prévois de véritables bouleversements sociaux et des ralentissements économiques.

Chapitre 3

Surendettement et surconsommation : péril en la demeure

Le terrorisme n'est pas la pire menace qui plane sur notre monde en ce moment. Les véritables problèmes sont la surconsommation et le surendettement. Ils sont également le prix que doit payer une société axée uniquement sur le plaisir, convaincue qu'il n'y aura jamais de lendemains difficiles.

Faisant fi de toute modération, les politiciens de tous les coins du monde pratiquent l'art de l'extrémisme. Quand une solution limite devient *possible,* ils s'y accrochent pour se faire élire. Dans les économies émergentes (Indonésie, Russie, Thaïlande, Argentine, etc.), ce genre de pensée s'est traduit par une volonté de s'industrialiser du jour au lendemain. Pour financer leurs projets, ces pays ont eu recours à l'emprunt, une méthode bien plus commode que l'épargne tant au plan politique qu'émotif. Mais quand est venu le temps de rembourser leurs créanciers, il ne leur restait plus un sou. Ils récoltent maintenant ce qu'ils ont semé.

Cette complaisance a été alimentée par la télévision et Internet, qui s'évertuent à démontrer à quel point la vie peut être agréable. Le monde entier a adhéré à cette vision. Le prix des valeurs mobilières et immobilières étant en hausse, personne n'a pensé qu'il était risqué de dépenser et de vivre au-dessus de ses moyens. Et plusieurs se sont mis à emprunter ou à puiser dans leurs économies quand ils n'ont plus été capables de maintenir le rythme, car il n'aurait été ni plaisant ni bien vu de renoncer à un certain style de vie. Seuls les États-Unis et quelques pays européens (les régimes capitalistes de longue date : Angleterre, Pays-Bas, Suisse) ont conservé un certain sens de la réalité, sans pour autant pécher par excès de prudence.

La surconsommation a entraîné la surproduction (particulièrement celle des matières premières) qui, à son tour, a engendré la déflation. Grâce à des emprunts extérieurs considérables, les pays émergents se sont mis à construire des usines et à produire des matières premières qu'ils ont vendues nettement moins cher que les pays où la main-d'œuvre est bien payée et syndiquée. Rien de surprenant à ce que les prix des matières premières aient dégringolé au début des années 2000. De plus, au bord de la faillite et encombrés de devises chancelantes, certains de ces pays pauvres et surpeuplés offrent maintenant leur production à des prix encore plus dérisoires, ce qui alimente la tendance déflationniste et étend le problème à l'échelle mondiale.

La déflation favorise l'endettement. En effet, plus les prix diminuent, plus les gens achètent et ce, au point d'emprunter pour le faire. Les pays comme l'Argentine et l'Indonésie, dont la devise s'est effondrée, ont peut-être vu s'effacer une bonne partie de leur dette intérieure, mais leurs emprunts extérieurs subsistent. Tous ceux qui ont pu convertir leur monnaie en dollars, en marks ou en toute autre devise de valeur, l'ont fait. En Argentine, le fardeau de la dette extérieure est devenu insoutenable.

Les créances irrécouvrables coûtent cher aux banques. Puisque les différents systèmes bancaires nationaux sont de plus en plus interdépendants, tout problème financier majeur est accentué. Comme de nombreux gouvernements n'ont pas remboursé leurs prêts, c'est à l'échelle mondiale que le système bancaire s'est trouvé affaibli. Les ventes et les bénéfices internationaux des grandes sociétés ont également été touchés par l'effondrement de certains pays et l'effritement de leur pouvoir d'achat.

Le niveau d'endettement mondial a atteint un point tel qu'une forte augmentation de la masse monétaire – et la poussée inflationniste qui l'accompagnera – est inévitable. Si la tendance déflationniste que nous vivons en ce début de 2005 se maintient, les niveaux de vie demeureront modestes et, par conséquent, les impôts prélevés seront moindres. À moins d'abandonner massivement les services sociaux, il y a peu de chance d'émerger de ce gâchis avant plusieurs années. Pourtant, je ne crois pas que nous connaîtrons un haut taux d'inflation avant un certain temps ; en même temps, je doute que les partis au pouvoir soient réélus en faisant la promotion de la déflation, car celle-ci, en passant par le surendettement, mènera graduellement à un plus grand appauvrissement. À mesure que les niveaux de vie et les marchés boursiers diminueront, il en ira de même pour la demande en biens de luxe, car seuls les riches pourront se les permettre. Dès lors, les dépenses en capital et les bénéfices des sociétés de ce secteur d'activité régresseront. Quant aux prix des matières premières, ils ne reviendront pas à ce qu'ils sont aujourd'hui, car la demande mondiale baissera. Seul le secteur de la fabrication des technologies de pointe tirera son épingle du jeu, car les entreprises ne peuvent se passer de ces outils si elles désirent diminuer leurs coûts et demeurer efficaces et concurrentielles. Enfin, il continuera d'y avoir des fusions, car l'efficacité informatique favorise l'existence des grandes sociétés dans plusieurs secteurs.

Les taux d'imposition exagérés auxquels nous sommes soumis de nos jours diminuent le taux d'épargne tout en augmentant le taux de chômage. En prélevant des impôts sur le rendement des placements des contribuables qui, en temps normal, réinvestissent leurs profits, le gouvernement contribue à la perte d'emplois et nuit à l'économie.

Les règles fiscales n'ont jamais été justes, car l'État ne peut puiser qu'auprès de ceux qui possèdent de l'argent. Le retard en matière de développement et de création d'emplois est l'un des principaux effets d'un système d'imposition excessif, car ces deux secteurs nécessitent des investissements. D'aucuns pourraient se demander qui, des emplois ou des investissements, vient en premier. Mais nous savons que c'est l'investissement qui crée les emplois.

Il est temps que les entreprises et les investisseurs s'insurgent contre un système qui permet de prélever autant d'impôts sur le rendement des placements ; un tel fardeau fiscal freine la création d'emplois et favorise l'épouvantable gaspillage de compétences que constitue le chômage. Il faut que la population comprenne cette problématique, sinon les politiciens continueront d'acheter des votes au mépris du développement économique. J'accuse les politiciens d'avoir tué la prospérité et j'accuse la population de les avoir laissés faire.

Des taux d'imposition élevés n'encouragent ni la création d'emplois ni l'investissement. Les gens les plus riches et les plus intelligents quittent le pays. À titre d'exemple, trois millions de Canadiens habitent en Californie. Oui, trois millions ! Les taux d'imposition y sont inférieurs, la température est plus clémente et le mode de vie, plus intéressant. Trop de dollars prélevés en impôt au Canada servent littéralement à la formation de futurs citoyens américains. En effet, nos politiciens sont convaincus que pour obtenir le vote des jeunes, il faut leur offrir une formation universitaire moyennant quelques milliers de dollars par année, soit une fraction du coût imputé aux contribuables. Les meilleurs étudiants sont ensuite embauchés par des sociétés américaines au double du salaire qu'ils toucheraient ici. Ne vous demandez pas pourquoi nous sommes confrontés à une pénurie de jeunes médecins compétents : s'ils restaient au Canada, ils seraient surchargés de travail, devraient se contenter d'installations médiocres et surpeuplées, gagneraient beaucoup moins d'argent et seraient imposés à mort. Dans ces circonstances, pas étonnant qu'ils partent !

Dans certaines régions du Canada, l'impôt sur le revenu des particuliers atteint un sommet : en moyenne, une famille donne plus d'argent au fisc qu'elle n'en dépense pour la nourriture, le logement et l'habillement réunis. En période d'inflation, l'impôt sur le gain en capital n'est ni plus ni moins qu'une confiscation du capital. Il y a lieu de se demander pourquoi on reste au Canada, pourquoi on y investit. Autrefois, le Canadien moyen épargnait environ 10 % de son revenu, tandis qu'aujourd'hui il ne réussit pas à mettre un sou de côté.

Si nous pouvions mettre de l'argent de côté et le placer de façon avisée, nous aurions plus d'emplois, moins d'impôt à payer et nous profiterions davantage de nos investissements. Par un effet d'entraînement, ces trois composantes se décupleraient, comme c'est le cas aux États-Unis. Actuellement, chaque dollar remis au gouvernement est dépensé au lieu d'être consacré à la création d'emplois ; pourtant, les emplois créés généreraient des fonds que nous pourrions faire fructifier à leur tour.

Supposons que, à un taux de rentabilité de 20 %, une entreprise dégage un profit de 100 000 $. Supposons maintenant que le propriétaire de cette entreprise n'a pas d'impôt à payer sur ce montant et qu'il décide de le réinvestir, toujours à 20 % de rendement. Au bout de cinq ans, il obtiendra 248 832 $. Par contre, si le gouvernement prélève 50 % en impôt sur le même montant, le propriétaire de l'entreprise n'aura que 50 000 $ à réinvestir, à un taux de rendement qui représentera 10 % après impôt. Au bout de cinq ans, il n'obtiendra que 80 525 $. D'après vous, quel scénario constitue la meilleure source d'emplois et de richesse pour le pays ?

Avec l'inflation qui pointe à l'horizon, il est certain que la situation économique du Canada empirera avant de s'améliorer. Les consommateurs, qui font tourner l'économie depuis des années en raison de leur propension à la dépense, sont particulièrement vulnérables, surtout s'ils pressentent que bientôt ils ne pourront plus soutenir le rythme. Il en va de même des aînés qui vivent de placements à revenus fixes ; ils souffriront de la hausse des taux d'intérêt et de la baisse de la valeur des obligations. J'en vois déjà plusieurs gruger leur capital afin de maintenir leur niveau de vie.

On est loin du principe de développement durable. À l'heure actuelle, de nombreux épargnants essaient de se protéger en se débarrassant de leur actif monétaire. Ils optent plutôt pour l'immobilier, l'or, les œuvres d'art et les antiquités – dont les prix n'ont pas tardé à grimper – en se disant qu'il s'agit de valeurs concrètes. En raison du surendettement, la valeur des biens monétaires est appelée tôt ou tard à diminuer ; et même si ce n'était pas le cas, les obligations et l'encaisse ne produisent aucun réel rendement à cause des taux actuels d'imposition et d'inflation.

Les gens préfèrent aussi les actions aux instruments monétaires pour la seule et unique raison qu'elles survivront peu importe les conditions. Au contraire, la valeur des instruments monétaires ne pourra être maintenue à long terme à cause du surendettement et de l'expansion de la masse monétaire.

Moi-même j'ai beaucoup plus confiance aux valeurs réelles qu'aux valeurs monétaires, surtout à une époque où les gouvernements impriment de l'argent à la vitesse grand V. On ne pourra continuer indéfiniment à dépenser à ce rythme. Personne ne renouvelle son ameublement, ne se procure une nouvelle voiture ou n'achète une nouvelle maison chaque année. Les comptes bancaires ne produisant pratiquement aucun intérêt, il est normal que les gens recherchent des placements qui offriront un réel rendement.

À long terme, les biens réels ont toujours eu plus de valeur que les biens monétaires. Dans les années 50, une bouteille de Coca-Cola coûtait 5 ¢, alors qu'aujourd'hui elle en coûte 2 $. Si j'avais placé dans des obligations tout l'argent que j'ai dépensé pour la célèbre boisson à l'époque, le résultat ne me permettrait pas d'acheter grand-chose aujourd'hui... Pour chaque 5 ¢ investi, certainement pas une bouteille de Coca-Cola ! Les instruments monétaires servent de moyens de défense. Par exemple, ils peuvent s'avérer très utiles quand on a besoin de fonds pour profiter d'une baisse à la Bourse. Autrement, ce type de placements n'offre pas de protection à long terme ; personne n'est jamais devenu riche en conservant des liquidités.

Je possède des œuvres d'art que j'ai payées 300 $ et qui en valent probablement 100 000 aujourd'hui. Si j'avais placé ce même montant dans des obligations, il ne vaudrait probablement guère plus que 300 $. Ma première maison, un jumelé de quatre chambres à coucher à Mont-Royal, m'a coûté 20 000 $. Je ne sais pas ce qu'elle vaut aujourd'hui, mais certainement plus que 20 000 $, sans doute dans les 400 000 $ à 600 000 $. Encore une fois, je ne crois pas qu'il soit avisé de conserver son argent sous forme de liquidités.

Le placement qui offre la meilleure protection est un portefeuille d'actions diversifié, composé en grande partie de titres de sociétés issues de secteurs en croissance relativement rapide. Si l'on peut acquérir ces actions à prix raisonnable, ce type de portefeuille constitue un placement très rentable à long terme.

Dans le secteur du placement, comme dans le secteur des affaires, le secret consiste à ne pas agir stupidement. Un entrepreneur ne veut pas faire une erreur qui aura des répercussions pendant cinq ans ; il ne veut pas être obligé de résoudre un problème qu'il aurait pu tout simplement éviter.

Lorsqu'on effectue un placement, il faut toujours en examiner les inconvénients, car c'est de ce côté que se situe le risque. Les avantages, quant à eux, ne posent aucun problème. Lorsque vous faites un placement, demandez-vous donc quelle est votre marge d'erreur, si vous avez tenu compte du risque et si vous êtes raisonnablement protégé. Vous ne pourrez jamais être protégé à 100 %, mais vous pourrez réduire votre risque en répartissant votre actif entre différents titres et en favorisant les plus prometteurs. Voilà ce qu'il faut faire.

Tant qu'il y a de la vie, il y a de l'espoir. Sachez voir le bon côté des choses. Quand vous serez mort, il sera trop tard pour agir ! Il y aura toujours des changements, des dangers, des incertitudes, des variations dans les taux d'intérêt, de l'insécurité dans certains pays, de la corruption chez les politiciens, des orientations en politique, du terrorisme, des guerres économiques, etc. Il est impossible de tout prévoir. Tant mieux! Sinon, on ne ferait jamais rien, car on serait complètement paralysé. Je vous conseille donc d'acheter les titres des entreprises les mieux gérées dans les secteurs de croissance les mieux gérés et de choisir les très grandes sociétés, car il y est plus difficile de magouiller. Vendez-les rapidement si vous constatez une irrégularité comptable ou si vous soupçonnez que le bilan est gonflé. Mais toutes choses étant égales par ailleurs, n'oubliez pas que sur n'importe quelle période de 25 ans au cours du siècle dernier, les actions ont toujours été plus rentables que les obligations. Et à bien y penser, cela est tout à fait logique : qui oserait se lancer en affaires si on pouvait faire plus d'argent en détenant des obligations du gouvernement?

Beau temps, mauvais temps, investissez dans des actions performantes. Vous vous en tirerez mieux, peu importe la situation mondiale.

Chapitre 4

Escrocs inc.

Au cours des dernières années, certains dirigeants d'entreprise mus par l'appât du gain (comme de nombreux courtiers, conseillers, comptables et avocats) se sont comportés de manière scandaleuse. Leur cupidité a entraîné toutes sortes d'excès – recherche de gains à court terme, pratiques de gestion douteuses, malhonnêteté, vol – et a lourdement endommagé de nombreuses grandes sociétés, quand elle ne les a pas carrément détruites. Dans plusieurs cas, l'enjeu n'était autre que le profit personnel : emportés par leur délire, ces gens ont dépassé les bornes pour obtenir des salaires, primes, options et régimes de pension démesurés.

On peut facilement imaginer comment une telle convoitise a pris forme. Supposons un chef de la direction de 59 ans qui doit prendre sa retraite dans quatre ou cinq ans. Jusqu'à ce jour, il n'a pas mis beaucoup d'argent de côté parce qu'il a toujours mené le même train de vie que les autres gros bonnets de sa trempe. Il ne lui reste donc plus beaucoup de temps pour se ménager un beau petit nid. Mais comme le conseil d'administration lui verse 500 000 options par année, il peut toucher 500 000 $ si le cours de l'action augmente d'un point, et ce, en une seule année !

Il ne faut pas tenter le diable. Mais après tout, ce sont ses copains du conseil d'administration qui ont établi ce type de rémunération. C'est parfaitement légal ! Sans compter que les grands actionnaires lui font sans cesse remarquer que le cours de l'action ne monte pas assez vite. Il se peut d'ailleurs que les administrateurs approchent 70 ans, âge auquel ils doivent obligatoirement prendre leur retraite, et qu'ils veuillent eux aussi exercer leurs options. Que dire de plus ? Dans ce scénario, personne ne tient compte de l'intérêt à long terme de la compagnie. « Et ne nous soumets pas à la tentation, mais délivre-nous du mal », demande-t-on dans le Notre Père. C'est dans la nature même de l'être humain de céder à la tentation, sinon il n'aurait pas à prier pour en être protégé.

Je trouve indécent de mettre sur pied des régimes d'options dont la valeur nette dépasse parfois le milliard de dollars. Une entreprise qui verse au directeur général un salaire qui équivaut à 5 ou 10 fois celui des autres dirigeants n'encourage pas l'esprit d'équipe. Et lorsque ce DG surpayé décide de réduire des centaines de personnes au chômage, il prouve en plus qu'il n'a pas de cœur.

Les administrateurs sont censés voir aux intérêts des actionnaires. Qu'ils permettent qu'on vole leurs soi-disant protégés sous le couvert de la légalité dépasse mon entendement ! Au cours de ma carrière, j'ai siégé à plusieurs conseils d'administration et je me suis toujours farouchement battu contre ce genre d'excès ; nombre de mes collègues peuvent en témoigner. Notre propre société a toujours refusé d'émettre des options dont la valeur dépasserait 5 % des actions en circulation, et nous les avons toujours distribuées à qui le méritait, non seulement au chef de la direction. En réalité, je préfère qu'il n'y ait pas du tout d'options et qu'on n'en n'accorde à personne !

Qui ont été les grands gagnants de la Bourse ces derniers temps ? Ceux qui n'ont pas eu besoin d'y jouer, ceux qui n'ont pris aucun risque : les dirigeants de société qui, forts de leurs options, de leurs primes annuelles et de leurs salaires extravagants, ont littéralement fait fortune. Si les choses avaient l'air de vouloir mal tourner, ils demandaient à leurs copains du conseil d'administration de s'en occuper. Ces amis sont souvent des DG d'autres sociétés ou des administrateurs qui ne veulent pas perdre leur allocation de présence aux CA – 40 000 $ à 60 000 $ d'argent facile – ni leurs liens privilégiés avec les *maîtres de l'univers*. Tout cet argent est puisé à même l'avoir des actionnaires.

Pour toucher une prime en sus de son salaire déjà exorbitant, un chef de la direction n'a qu'à établir un budget confortable qu'il n'aura aucun mal à respecter. S'il ne réussit pas à atteindre toutes ses prévisions, il pourra quand même bénéficier d'une partie de cette prime. S'il évolue dans le secteur pétrolier et que le prix du baril de pétrole augmente, il est possible qu'il obtienne un supplément de rémunération sur le gain obtenu au prix le plus élevé. Et vers la fin de sa carrière, toujours avec le concours de ses amis du CA, il pourra se faire concocter une chouette rente viagère d'un million de dollars par année. Pas étonnant qu'il décide de prendre une retraite hâtive. Tant mieux, car s'il restait, il n'y aurait pas grand-chose pour l'inciter à s'échiner au travail.

Si vous demandiez à une personne de commettre un crime pour 10 000 $, vous l'insulteriez. Mais formulez votre requête différemment et faites-lui comprendre qu'elle pourrait gagner un million de dollars, et elle réagira tout autrement. Je n'aime pas ce que j'entends, vous dira-t-elle, mais je vais y penser et je vous donnerez ma réponse demain matin.

Lorsque la somme versée pour services rendus n'a plus rien à voir avec la valeur de ces services, ceux-ci n'ont plus de prix, et dès lors, n'importe quel montant peut être exigé au nom de la cupidité. C'est exactement ce qui s'est produit dans les grandes sociétés. Voyant les joueurs de tennis, de football, de hockey et de basket-ball empocher des salaires astronomiques immérités, les cadres d'entreprise se sont pris pour les stars du monde des affaires. Ils se sont mis à engager toutes sortes de consultants qui, en échange de gros honoraires, leur ont dit ce qu'ils souhaitaient entendre. Ils ne voulaient rien savoir des professionnels qui auraient tenté d'enrayer la tendance à la hausse. C'est ainsi que l'avidité a engendré l'avidité qui a engendré l'avidité, jusqu'à ce plus rien ne tienne.

Comme il ne disparaîtra jamais, il faut composer avec le côté rapace de l'être humain. En fait, il faut être assez responsable pour ne pas lui laisser prendre le dessus sur l'honnêteté. Autrement, tout est possible. Il se trouvera toujours un administrateur pour dire que le chef de la direction devrait toucher un salaire plus élevé que son homologue d'une société concurrente (qui gagne 20 millions de dollars par année) parce qu'il a des fonctions plus importantes. Mais ce genre d'idée va à l'encontre de la saine gestion. En effet, il serait difficile de maintenir l'esprit d'équipe au sein d'un comité de direction où tous les membres gagneraient 300 000 $ par année, à l'exception du DG qui, lui, toucherait 20 millions. On imagine aussi la lutte sans merci que se livreraient les potentiels successeurs de ce multimillionnaire. En d'autres termes, l'excès corrompt tout le processus de gestion. Encore une fois, une bonne partie du blâme peut être rejeté sur les options. D'abord conçues pour aider à conserver les bons éléments au sein d'une société, elles sont devenues des primes *de facto* et ont fini par encourager la fraude.

De nos jours, les options sont l'une des plus dégoûtantes manifestations de la gloutonnerie entrepreneuriale. En 2000, Jozef Straus, alors PDG de JDS Uniphase, s'est vu octroyer un contrat d'option pour 9,6 millions d'actions. Le titre se vendait alors 100 $. À la clôture de l'exercice, la valeur supérieure au prix de levée totalisait 1,13 milliard de dollars. Si M. Straus avait exercé son droit d'option et si Uniphase avait voulu racheter suffisamment d'actions pour en détenir autant qu'avant l'opération afin de ne pas diluer le bénéfice par action, elle aurait dû débourser 1,5 milliard de dollars, compte tenu de l'impôt à payer. C'est révoltant ! Au moins, M. Straus a bâti lui-même son entreprise. Mais qu'on ne me dise pas qu'il n'est pas consumé par l'avidité. Il est déjà très riche. Voudriez-vous vraiment que ce genre de personne s'occupe de votre participation dans la compagnie ? Pas moi. Jamais je ne voudrais avoir des intérêts dans une société où il se passe ce genre de chose. Bien sûr que c'est légal ! Il suffit de nommer les bonnes personnes au CA. Mais dans ce scénario, on oublie que les administrateurs sont censés protéger tous les actionnaires.

On s'adonne également à ce petit jeu dans plusieurs sociétés où les hauts dirigeants ne sont pas des entrepreneurs. Les pratiques n'y sont peut-être pas aussi ignobles, mais elles restent quand même scandaleuses. Si les présidents de banque d'autrefois voyaient ce que leurs successeurs retirent sous forme de salaires, de primes et de régimes de pension, ils seraient verts de jalousie et se demanderaient certainement si c'est par incompétence ou stupidité qu'ils n'ont pas eu l'idée d'en faire autant. Les dirigeants d'entreprise qui se voient octroyer des contrats d'option ne prennent pratiquement pas de risque, car les options ne leur coûtent rien. Je me demande à quoi pensent les administrateurs qui approuvent ce type de rémunération. J'ai idée qu'ils sont dans la manche du chef de la direction… ou alors, c'est qu'ils ne réfléchissent pas à ce qu'ils font! Les investisseurs devraient se rebeller contre ce qui constitue ni plus ni moins qu'un viol d'entreprise. Sur leur procuration annuelle, ils pourraient très bien voter contre l'octroi d'options dépassant 5 % des actions en circulation et contre tout octroi d'options si le DG et les autres hauts dirigeants s'arrogent trop de prérogatives.

Il est temps de réagir. C'est de notre argent qu'il s'agit! Et qu'on ne me dise pas que ces gens n'accepteraient pas de travailler pour moins. En réalité, s'ils n'étaient pas aussi grassement payés, il se pourrait bien qu'ils se démènent davantage et qu'ils se concentrent plus sur l'entreprise! J'aime mieux avoir affaire à une personne sincèrement dévouée qu'à une personne intéressée uniquement à son propre gain. Contrairement à ce qu'on dit, je ne crois pas que la compétence coûte aussi cher. Les dirigeants qui empochent des salaires faramineux et profitent de toutes sortes d'avantages sont ceux-là même qui, aujourd'hui, révisent constamment les résultats à la baisse et font un travail de gestion médiocre. Bel exemple pour leurs employés! Comment sont-ils capables de prétendre ensuite que la seule façon de réduire les dépenses consiste à mettre 5 000 personnes à pied? Il faut que les investisseurs, surtout les investisseurs institutionnels, mettent un terme à ces magouilles. Ce sont eux, après tout, les propriétaires des sociétés.

Dressons maintenant le portrait du bon dirigeant. Bien entendu, il est honnête et intègre. Il a également un bon jugement et les deux pieds sur terre. Il sait que son entreprise doit avoir une excellente feuille de route et que tout doit y être sous contrôle. Il ne se contente pas de jouer au patron, il se mêle aux autres. Il connaît tous ses employés, est un modèle pour eux et sait comment les motiver. Il fait preuve d'ouverture et de transparence. Personnellement, je ne vois pas l'utilité de cacher quoi que ce soit aux gens qui travaillent avec moi. D'ailleurs, j'en serais bien incapable. Si quelque chose me déplaît, je ne peux m'empêcher de le dire. Si mes employés font quelque chose de bien, je les félicite, mais je leur demande aussitôt ce qu'ils feront ensuite.

La vanité n'a pas sa place dans ce secteur, et le dirigeant qui se croit meilleur que les autres n'a pas toute sa tête. On ne peut pas se reposer sur ses lauriers. On doit être prudent et vigilant en tout temps, peu importe qui l'on est.

Le bon gestionnaire fait également preuve d'initiative, assume ses responsabilités et endosse le travail de ceux qui l'admirent. Il ne joue pas les *prima donna* et ne manigance pas pour faire avancer sa carrière. Il mérite le respect et la confiance de tous grâce à son leadership, sa loyauté et son humanité, des qualités qui dénotent l'expérience, la confiance en soi et le souci d'autrui – collègues, employés, actionnaires, clients et collectivité. Bien entendu, comme l'entreprise appartient aux actionnaires, leurs intérêts sont prioritaires. Mais ils ne sont pas exclusifs et ils seront bien mieux servis si les dirigeants se montrent responsables au sein de l'entreprise *et* de la collectivité, en laissant de côté le sentimentalisme et la mesquinerie. Parfois, il faut savoir dire non.

Une entreprise bien gérée s'ouvre sur un horizon à long terme et jouit d'une culture solide et conséquente. Les décisions à court terme sont prises en fonction des objectifs à long terme. Pour mettre en œuvre une telle perspective, il faut procéder de façon très graduelle, en recherchant le juste équilibre entre la soif du succès et l'extrême précaution, et en évitant de donner foi à ceux qui promettent des gains rapides. Ce type d'entreprise a un taux de rentabilité fiable et stable ; elle demeure ouverte aux occasions mais évite les risques inutiles.

Un dirigeant qui adopte de bonnes pratiques de gestion ne laisse pratiquement rien au hasard, sans pour autant pécher par excès de prudence ou tomber dans l'inertie. Ce style de gestion a constamment besoin de renouveau, mais d'un renouveau réaliste. Il est fondé sur le leadership et l'esprit d'équipe, ainsi que sur l'acceptation et la confiance mutuelles ; les gens peuvent être orgueilleux et opiniâtres, mais ils savent généralement se plier aux exigences du bien commun. L'essentiel, c'est le respect mutuel.

Cette forme de leadership est à la base d'une solide culture d'entreprise en constant renouvellement. Le partage des critiques et des idées est encouragé, mais elles ne sont mises en œuvre que si elles sont convaincantes et constructives. Bien que le savoir-faire soit important, les erreurs sont permises. Sauf celles qui sont inutiles. Ces erreurs-là sont interdites ! La discipline rigoureuse est une source de fierté.

Comment fixe-t-on les balises de la rémunération dans une telle d'entreprise ? Commençons par le plus facile : les comptes de dépenses. Ceux-ci doivent faire l'objet d'un contrôle rigoureux et prévoir les frais usuels : déplacement, hébergement et repas. Il est préférable que ces frais soient fixés à l'avance de manière qu'il n'y ait pas d'excès impossible à vérifier. Chez Jarislowsky Fraser, ce type d'allocation correspond à un montant couvrant le prix des repas, d'une chambre d'hôtel confortable et des billets d'avion en classe économique, sauf pour les très longs voyages. En tout temps, l'impartialité et l'économie sont les règles à suivre.

Les salaires maintenant. Ils doivent correspondre à une gamme allant d'équitable à modérément généreux. Si l'on veut obtenir du travail d'expert, il faut verser une rémunération plus qu'adéquate, sans exagération. Le cas échéant, les primes sont déterminées en fonction de budgets serrés et correspondent à un maximum de 50 % du salaire de base (sauf s'il s'agit de commissions). Si jamais elles atteignent 100 % du salaire, en aucun cas elles ne doivent dépasser ce pourcentage. La rétribution de base doit permettre de vivre dignement, tandis que la prime pourvoit aux dépenses accessoires, qu'il s'agisse d'objets de luxe ou d'épargne.

La rémunération à long terme, celle qui va au-delà du salaire annuel, est essentielle, car elle permet aux employés clés de grandir en même temps que la compagnie. La croissance de l'entreprise entraîne l'augmentation du capital, ce qui intéresse les investisseurs. Les cadres supérieurs qui ont une influence réelle sur l'augmentation du capital doivent donc être récompensés. L'idéal est d'en faire des actionnaires à long terme ; autrement dit, il faut leur remettre des actions qu'ils conserveront, selon une valeur proportionnelle à leur salaire de base. Pour ce faire, la compagnie peut affecter des fonds destinés aux primes ou encore accorder aux cadres des droits de participation à l'augmentation d'actions fictives, droits qui seront honorés ou convertis en actions au moment de la retraite. Les dirigeants et les actionnaires visent dès lors un objectif commun.

Il faut bien veiller à ce que la rémunération à long terme ne soit pas une prime déguisée. Comme je l'ai mentionné précédemment, j'ai horreur des régimes d'options comme ceux dont j'ai parlé. Ces options sont habituellement exercées aussitôt qu'elles sont acquises, puis vendues dans la semaine ou le mois suivant. C'est notamment ce type de récompense qui a causé le récent naufrage de plusieurs grandes sociétés nord-américaines. Si une augmentation de 1 $ par action se traduit par un montant supérieur à un salaire annuel décent, il n'est pas étonnant que les gens mentent, abusent et volent pour faire monter les cours, particulièrement si l'option peut être exercée dans un délai très court.

Bien que je déconseille généralement l'octroi d'options, le cas échéant, on pourrait en faire un usage très rigoureux. Il est préférable de ne les utiliser que pour souligner une importante promotion dans un poste qui aura un impact considérable sur la politique et le développement de l'entreprise. Il doit s'agir d'une indemnité unique, et une fois que le cadre aura acquis son droit d'exercer l'option, il devra conserver ses actions pendant un certain temps, disons jusqu'au jour de sa retraite.

Si le cadre a 50 ans ou moins, la période d'acquisition devrait être d'au moins 10 ans. Le nombre d'options, quant à lui, doit être déterminé en fonction du salaire. En moyenne, le taux de rendement annuel d'une action est de 4 à 6 % après inflation, ce qui procure un gain réel de 20 à 30 % après 5 ans. Si l'on décide que ce gain doit correspondre à deux ans de salaire, on en déduit le nombre d'options à octroyer. Le risque avec cette méthode, c'est qu'il peut y avoir un écart entre les prévisions et la réalité. Enfin, répétons que les actions, une fois émises, ne devraient pas pouvoir être vendues avant bien des années.

Dans plusieurs cas, l'octroi d'options ou la vente d'actions aussitôt acquis le droit d'exercer l'option a entraîné une importante dilution de l'avoir des actionnaires et la mise à sac de compagnies. Pis encore, ces pratiques ont créé des risques disproportionnés et donné lieu à des promotions inutiles, sans parler de la falsification de comptes dans le seul but de gonfler les bénéfices et le cours des actions.

Il n'est pas nécessaire de détenir des options pour en venir à posséder des actions. Dans 99 % des cas, les options actuellement émises ne sont pas justifiées. À cause d'elles, les gestionnaires partagent non pas les visées des actionnaires, mais celles des boursicoteurs. Ils devraient plutôt aller au casino et laisser les actionnaires à long terme être les véritables propriétaires de l'économie privée. Les options et tout autre instrument du même genre n'ont pas leur place dans les compagnies dotées d'excellents gestionnaires et d'une solide culture d'entreprise. Ils minimisent l'importance de la rémunération régulière et alimentent la cupidité naturelle de l'être humain en le soumettant à une tentation beaucoup trop forte.

Un jour, j'ai demandé à un président de banque ce qu'il aurait fait si on lui avait offert seulement 600 000 $ comme salaire annuel, en sus d'une prime ne pouvant pas dépasser 300 000 $, au lieu des 20 millions de dollars qu'il avait touchés l'année précédente. Aurait-il accepté le poste ? Après avoir pris un moment pour y réfléchir, il m'a répondu qu'il avait toujours voulu diriger une banque et qu'il n'aurait pas renoncé à son rêve même sans un salaire fabuleux. Bien qu'il ait un peu esquivé ma question, il m'a convaincu de son véritable désir de vivre l'expérience professionnelle. C'est la confiance témoignée par ceux qui l'ont nommé à ce poste qui l'a séduit. Voilà un exemple d'un bon dirigeant qui, tout en étant ambitieux, aime son organisation, ne travaille pas en vase clos et a un sens des responsabilités qui passe avant son ego.

C'est une situation normale. Les cadres supérieurs ne sont pas des joueurs de hockey ; ce sont des adultes qui croient en des choses qui les dépassent. Ils acceptent les responsabilités qu'on leur a confiées et estiment qu'ils doivent les assumer de manière à mériter le respect de leurs employés et de la collectivité. La plupart d'entre nous travaillons bénévolement pour des organismes communautaires ou nationaux, et faisons des dons considérables pour des causes auxquelles nous croyons, tout en veillant à ce que l'argent soit dépensé à bon escient. Un bon dirigeant doit se voir comme un professionnel dont les compétences et le savoir sont mis au service des autres.

Je suis convaincu que la majorité des cadres supérieurs comprennent parfaitement le rôle d'une rémunération équitable, y compris la leur. Mais ils ne s'opposeront pas nécessairement à un CA qui voudra établir une rémunération exagérée – bien que j'en aie vu plusieurs le faire. Jacques Lamarre, chef de la direction de SNC-Lavalin, n'a jamais pensé que son salaire devait excéder de beaucoup celui de ses principaux lieutenants, ni qu'il pouvait occuper son poste ou être administrateur indéfiniment. Je conviens avec lui qu'il est nécessaire de quitter la direction d'une entreprise à 65 ans, mais je ne crois nullement qu'il faut renoncer à siéger à des conseils d'administration à partir de 70 ans. Par ailleurs, j'ai eu à traiter avec Conrad Black, qui, au sein de son holding, avait concocté pour lui et ses sbires des contrats de gérance absolument exorbitants ; de cette façon, il a souvent court-circuité la compagnie pour laquelle, soi-disant, il travaillait. Nous avons vu où tout cela a mené sa seigneurie.

Un chef de la direction a droit à un juste salaire qui lui permet de mener un solide train de vie, sans avoir à se demander s'il aura suffisamment d'argent à la retraite, et qui compense en partie les sacrifices que doit consentir sa famille. Sa rétribution ne doit cependant pas nuire à son dévouement envers l'entreprise. Un directeur général n'est pas un dirigeant ordinaire. Il est constamment à l'avant-scène, quelle que soit l'heure du jour ou de la nuit. Il peut s'accorder des congés, mais sans oublier la société, ses problèmes et le fait qu'ils doivent être traités sur-le-champ. Certains ne partageront pas mes idées, mais il se trouvera peu de dirigeants pour me contredire.

S'il atteint ou dépasse ses objectifs, le chef de la direction a également droit à une prime. Si ses fonctions l'amènent à avoir une influence majeure sur le succès de l'entreprise, il peut recevoir une option proportionnelle à son salaire. Mais celle-ci doit être assortie de conditions qui permettent d'éviter les abus et l'exagération. En fait, il s'agit d'intéresser vraiment ce dirigeant au sort de la société de manière qu'il se voie comme un actionnaire et qu'il endosse la philosophie de ceux qui ont payé leur participation en argent sonnant et trébuchant. Voilà ce dont il faut tenir compte quand on établit la rémunération des cadres supérieurs.

Chapitre 5

Administrateurs : gardiens ou laquais ?

Les excès observés dans l'univers de la grande entreprise sont encouragés et soutenus par des administrateurs qui manquent à leur devoir en ne protégeant pas les intérêts des investisseurs, et par des actionnaires institutionnels qui ne font rien pour changer les choses.

Les petits épargnants comptent sur la diligence des administrateurs pour veiller à leurs intérêts, car ils ne jouent pas le moindre rôle au sein des entreprises dans lesquelles ils placent de l'argent. Mais il en va autrement des grands actionnaires, surtout les actionnaires institutionnels, qui peuvent avoir une influence sur la gestion et l'administration d'une société. Ils auraient d'ailleurs avantage à ne pas laisser ces tâches uniquement entre les mains des dirigeants, particulièrement dans les sociétés cotées en Bourse.

Les grands actionnaires ont intérêt à élire des gens compétents, qu'ils apprécient et en qui ils ont confiance pour assumer les fonctions de gouvernance. L'enjeu est trop important pour qu'ils donnent carte blanche à la direction de l'entreprise. Pourtant, dans de nombreuses compagnies, et particulièrement dans celles où il y a un manque d'actionnaires majoritaires, ce sont en réalité les candidats désignés par les dirigeants qui se retrouvent au conseil d'administration.

De par la loi, ce sont les actionnaires qui élisent les membres du conseil d'administration pour qu'ils les représentent. En temps normal toutefois, les investisseurs acceptent les candidats recommandés par le comité de nomination du CA ; il est rare qu'ils prennent la peine de proposer d'autres noms.

En principe, le CA veille aux intérêts des actionnaires et s'assure que la société est dirigée par des gens compétents et efficaces, qui travaillent en toute probité à produire les meilleurs résultats à long terme. Dans l'exercice de leurs fonctions, les administrateurs sont tenus de faire preuve d'impartialité et de prendre en compte tous les actionnaires, petits et grands, peu importe le groupe qui les a élus. Mais j'ai siégé à des conseils où le mot « actionnaire » était trop rarement prononcé, comme si on ne s'en préoccupait pas. Formé principalement de copains des dirigeants, ce genre de CA ne sert ni plus ni moins qu'à approuver automatiquement les décisions de la direction ; la plupart des administrateurs participent presque de façon symbolique.

Généralement, les dirigeants préfèrent des administrateurs qui ne jouent pas les trouble-fête. Souvent, ils solliciteront d'anciens politiciens ou des gens qui ont des relations dans une région clé. Pire encore, deux DG n'hésiteront pas à se rendre la pareille en siégeant au CA l'un de l'autre. Qui se ressemble s'assemble. Il est très rare que des représentants des groupes d'investisseurs soient invités à siéger à un CA ; du reste, plusieurs d'entre eux évitent de le faire pour ne pas devenir des initiés.

Mes associés n'ont jamais approuvé ma participation aux CA de sociétés cotées en Bourse, particulièrement celles dont nous détenions des actions. La loi exigerait alors que nous nous soumettions à un ensemble de règles qui empêcheraient l'information de circuler entre Stephen Jarislowsky, administrateur, et les comités de recherche et de sélection de titres de Jarislowsky Fraser, le tout pour éviter les conflits d'intérêts. Mais cela ne me semble pas logique. En tant que propriétaire, je devrais avoir mon mot à dire.

5 ADMINISTRATEURS : GARDIENS OU LAQUAIS ?

J'ai siégé à de nombreux conseils d'administration, mais je me suis retiré des sociétés cotées en Bourse, sauf si elles avaient d'abord été fermées ou si notre firme pressentait l'arnaque (comme ça a été le cas avec Southam). Je suis convaincu que les problèmes de gouvernance sont en partie attribuables au manque d'objectivité du CA ou au fait qu'il est à la solde de la direction.

Dans la plupart des CA où j'ai siégé, les administrateurs parlaient rarement des actionnaires et encore moins de leurs attentes. Figuraient à l'ordre du jour les états financiers, les vérifications, la nomination et la rémunération de cadres supérieurs, les prévisions budgétaires, les approbations de dépenses en capital, les investissements, les acquisitions et parfois la planification stratégique. On ne s'éternisait pas sur les dividendes, car on se fiait généralement aux recommandations de la direction pour ce qui est des besoins de liquidités. Quant au financement et à l'avoir des propriétaires, il s'agissait de questions normalement abordées par les conseillers et les maisons de courtage. Les administrateurs ne faisaient pratiquement jamais de propositions. Dans ces circonstances, pas étonnant qu'il y ait autant de scandales et de médiocrité. Selon moi, tout cela peut être attribué au manque d'intérêt des investisseurs institutionnels qui, à coup de procurations, laissent les dirigeants faire ce qu'ils veulent avec qui ils veulent.

Craignant les apparences de conflits d'intérêts qui pourraient les empêcher de négocier librement les titres des sociétés, les grands investisseurs institutionnels ne veulent pas se mêler des affaires des CA. À maintes reprises, nous leur avons demandé de se joindre à nous pour faire obstacle à des décisions qui, manifestement, allaient à l'encontre des intérêts des actionnaires. Trop souvent, nous avons essuyé un refus. Ils préféraient remettre leur procuration à la direction en invoquant les règlements de leur institution. Je pense aussi qu'ils ne voulaient pas s'aliéner les dirigeants d'une société qui pouvait les alimenter en titres. Souvent, ils ne daignaient même pas nous rappeler. Les représentants des sociétés de fonds communs étaient les pires. Ils semblent préférer leurs fournisseurs à leur clientèle.

En résumé, j'estime qu'une grande partie des scandales et des excès en matière de salaires, de primes et d'options, peut être mise sur le compte de la négligence des administrateurs. Et s'ils ne remplissent pas leur devoir envers l'ensemble des actionnaires, c'est que les principaux actionnaires institutionnels, qui sont les véritables propriétaires des sociétés, n'interviennent pas, préférant se faire manœuvrer par les dirigeants.

Le cancer qui ronge les grandes sociétés est induit par les grands investisseurs institutionnels qui ne veulent pas risquer d'entrer en conflit d'intérêts lorsqu'ils font des opérations boursières. Quant aux commissions des valeurs mobilières et aux législateurs, ils créent des règlements qui perpétuent une telle attitude. Qui sait à quand remonte un vote en faveur d'une résolution avancée par les actionnaires ? Ce n'est pourtant pas faute d'influence potentielle s'ils détiennent, par exemple, 25 % des parts d'une société.

Les petits investisseurs ne sont pas en mesure d'imposer la bonne gouvernance des sociétés – chose que les législateurs et les organismes de réglementation ont tendance à oublier. Et quand les grands investisseurs renoncent à leur responsabilité à cet égard, il se crée un vide qui est évidemment comblé par les dirigeants et leurs copains, souvent d'autres DG, qui visent le même objectif : maximiser leurs propres gains.

Les administrateurs sont à la ligne de front de la société. À ce titre, ils doivent assumer leurs responsabilités sans jamais oublier qui ils représentent. Ils devraient être tenus par l'honneur de veiller aux intérêts de ceux dont ils sont les fiduciaires ! Bien que ce point de droit soit clair, dans la pratique, peu de juges ont osé rejeter une décision votée par un conseil d'administration.

Pour tenter de remédier à la situation, j'ai décidé en 2002 de faire équipe avec Claude Lamoureux, président et chef de la direction du Régime de retraite des enseignantes et des enseignants de l'Ontario, pour mettre sur pied la Coalition canadienne pour la bonne gouvernance (*Canadian Coalition for Good Governance*). Nous comptons maintenant parmi nos membres une trentaine des principaux investisseurs institutionnels, qui gèrent des actifs de plus de 600 milliards de dollars. Grands actionnaires de compagnies publiques canadiennes, ils détiennent des droits de vote leur permettant d'agir sur des pratiques de gouvernance qui serviront tous les actionnaires. Il leur incombe de veiller à la nomination d'administrateurs et de dirigeants dévoués.

La Coalition s'est donné comme objectifs de voir à ce que le CA et la direction alignent leurs intérêts sur ceux des actionnaires et de tenir les dirigeants responsables de l'augmentation de la valeur à long terme pour l'actionnaire. Pour ce faire, nous surveillons la composition et le comportement des CA, nous transmettons aux comités de candidatures de l'information sur les administrateurs pressentis et nous veillons à ce que les principaux comités des CA comptent une majorité d'administrateurs externes et indépendants. À terme, nous collaborerons avec les commissions des valeurs mobilières, pour resserrer la réglementation, et avec les gouvernements afin qu'ils adoptent des lois claires pour les actionnaires et prévoient des sanctions plus sévères pour les contrevenants. Nous entendons provoquer un changement qui profitera aux millions d'épargnants canadiens.

En 2003, nous avons élaboré une douzaine de directives à l'intention des conseils d'administration des plus grandes sociétés canadiennes cotées en Bourse. Elles se traduisent par un ensemble de normes minimales et de pratiques exemplaires qui s'articulent autour de trois grandes préoccupations : la sélection d'administrateurs de qualité exceptionnelle ; la création d'une équipe de gouvernance au sein du conseil d'administration ; la mise en place de processus efficaces de bonne gouvernance. Nous avons également mis au point un formulaire d'auto-évaluation pour aider les CA à juger dans quelle mesure ils respectent ces principes de gouvernance.

À notre connaissance, la Coalition est unique en son genre. Bien sûr, d'autres organismes ont établi des lignes directrices en matière de gouvernance. Mais nous sommes les seuls au monde à aller jusqu'à menacer les CA de voter contre leurs résolutions si nous jugeons qu'elles ne vont pas dans le bon sens. Nous avons une main de fer dans un gant de velours.

Malheureusement, plusieurs administrateurs se dérobent à leurs obligations en souscrivant à une police d'assurance responsabilité. Bien entendu, c'est la compagnie qui paie les primes. À mes yeux, un administrateur qui trahit la confiance de ceux qu'il est censé protéger devrait en être tenu personnellement responsable. Pourquoi les actionnaires devraient-ils le payer s'il omet de faire son devoir? En tant qu'administrateur, je n'ai jamais senti le besoin de prendre cette assurance. Je me suis acquitté de mes tâches envers les actionnaires, tout en agissant dans le meilleur intérêt de la société.

L'administrateur veille à ce que les membres de la direction d'une entreprise fassent de l'excellent travail, auquel cas, ils reçoivent un salaire équitable, ni plus ni moins! Dans le cas contraire, des changements s'imposent. Une société bien gérée offre des produits de qualité et tient compte de toute manifestation de mécontentement de la part des clients. Les employés y sont bien traités: ils jouissent de conditions sûres et fiables, touchent des salaires décents et voient leurs efforts exceptionnels reconnus. Cette société se comporte comme un bon citoyen au sein de sa collectivité, mais elle évite de tomber dans le paternalisme ou la prodigalité. La comptabilité est stricte et prudente, mais sans exagération. En tout temps, les finances doivent être gérées de manière à protéger l'avoir des actionnaires. L'expansion est réfléchie et toujours contrôlée. La situation des divisions non rentables doit être redressée, quitte à être éliminées. L'esprit d'équipe est encouragé, et le moral des troupes est maintenu. Les politicailleries, la vanité et les spéculations ne sont pas de mise. Pour ma part, je n'appuie jamais les divas. Les prévisions budgétaires doivent être rigoureuses, mais réalistes. Et ainsi de suite.

Il faut examiner le rôle que sont appelés à jouer les administrateurs et en discuter avec eux. En acceptant de siéger à un CA, on ne s'installe pas dans une sinécure honorifique ; on rend service à la compagnie et à ses actionnaires. Bien entendu, l'administrateur a droit à une allocation de présence, mais cette somme ne doit pas être telle qu'elle le retiendra indûment dans ses fonctions. Quant à la valeur des actions qu'on lui octroie, elle devrait être proportionnelle à sa propre valeur nette. L'administrateur est bien informé et, s'il fait partie du comité de vérification ou des ressources humaines, il est préférable qu'il ait de l'expérience dans ces secteurs. Il connaît les principaux actifs de la société, tant matériels qu'humains. Il a intérêt à participer à des présentations, des dîners, des lunchs, etc., pour avoir l'occasion de rencontrer la plupart des décideurs de l'entreprise. Il n'hésitera pas à visiter les installations de production pour se faire une idée de l'efficacité et du moral de la main-d'œuvre. Il y pensera à deux fois avant d'avoir recours à un consultant externe. Pour ma part, je me suis toujours passé des services de consultants externes, sauf pour des problèmes très techniques.

Je crois que c'est aux administrateurs de préciser le mandat du vérificateur ; par conséquent, le CA devrait être le seul et unique destinataire du rapport de vérification. Le vérificateur externe ne se contente pas de contrôler les méthodes comptables convenues, il doit aussi s'assurer que les états financiers sont prudents, objectifs et fiables, et peuvent être compris comme tels par les investisseurs. Autrement, pourquoi employer un vérificateur ?

Pour ma part, le comité des ressources humaines est le plus important, car il s'assure que les gestionnaires sont compétents et que tout est en place pour permettre le perfectionnement du personnel et assurer la succession. Il veille également à ce que la rémunération des cadres soit juste et équitable, et non excessive. Le salaire du DG n'a pas lieu d'être aux antipodes de celui de ses principaux lieutenants, car les membres de la haute direction doivent être capables de travailler en équipe, sans être empêtrés dans les politicailleries et les luttes intestines provoquées par l'envie et le désir d'être au sommet.

Je pourrais continuer ainsi pendant des pages et des pages, mais je crois qu'on saisira l'idée d'ensemble. Les points que j'ai soulevés visent tous l'intérêt des actionnaires et devraient faire l'objet d'un suivi par les administrateurs fiduciaires.

La taille du conseil d'administration est un autre aspect à prendre en considération. Le nombre d'administrateurs doit être suffisant pour permettre la formation des principaux comités et l'équilibre des opinions. Normalement, le CA d'une grande société compte de 8 à 12 membres, tandis que de 6 à 8 administrateurs suffisent à une entreprise moins complexe ou simplement plus petite. À titre d'exemple, le CA de Jarislowsky Fraser est composé de sept administrateurs. Dans tous les cas, je recommande la nomination d'un administrateur principal, préférablement un président de conseil.

Idéalement, une réunion du conseil dure une demi-journée – une journée, tout au plus, si un nouveau plan stratégique est à l'ordre du jour. Comme les formalités et la communication d'information prennent la moitié du temps, il ne reste que deux heures pour les discussions et les questions. S'il y a trop de membres, personne ne peut vraiment participer. Dans un CA de 30 administrateurs, par exemple, chacun disposerait d'à peine quatre minutes pour poser une question, obtenir une réponse et en discuter. Ça n'a aucun sens.

Il ne faut pas couper court aux discussions entamées durant les réunions du CA. Pour en arriver à une décision éclairée, il faut prendre le temps de vider chaque question franchement, sans censure. Le personnel a intérêt à être bien préparé pour informer les administrateurs et répondre à des questions très difficiles. Le CA doit exiger que les dirigeants fassent des exposés cohérents et étayés.

À mon sens, le CA doit être présidé non pas par le chef de la direction, mais par un administrateur indépendant. Il faut veiller à ce que les questions à l'ordre du jour soient bel et bien celles du CA, et non celles du DG. Les membres de la haute direction doivent considérer le président et les administrateurs comme les mentors de la compagnie. Le CA est l'autorité absolue.

L'expérience, la compétence, l'intégrité et la solidité de ses membres ne doivent faire aucun doute. Sinon, cela signifie que certains administrateurs ne sont pas à leur place.

Il est agréable de faire partie d'un conseil d'administration solide. Dotés d'un grand sens de l'intégrité, ses membres se respectent et s'admirent mutuellement. Ils placent les intérêts des actionnaires au premier plan en prenant bien garde toutefois d'encourager leur avidité naturelle. En fait, ils cherchent toujours à maintenir l'équilibre entre deux forces qui s'opposent : le désir des actionnaires d'obtenir plus de richesse et le résultat réaliste qu'une bonne équipe de direction peut obtenir en prenant un risque acceptable. Compte tenu du climat économique du moment et du secteur d'activité dans lequel elle se trouve, une compagnie bien gérée peut escompter un certain taux de croissance à long terme. C'est ce que vise un bon CA.

Selon moi, rien ne justifie que le conseil d'administration participe à l'établissement du cours de l'action ou qu'il en rehausse la valeur. Cette tâche incombe aux marchés qui, pour ce faire, tiennent compte de facteurs tels que les bénéfices, les dividendes et le taux de croissance. Advenant des variations anormales du cours, le CA peut émettre un commentaire, mais seulement à l'intention des actionnaires qui s'y connaissent peu en la matière. Réfréner l'avidité, réfréner la panique, voilà à quoi il doit s'en tenir. Si le cours demeure dans une fourchette acceptable, il ne mérite pas qu'on en parle. S'il baisse considérablement, c'est l'occasion pour les actionnaires d'acheter d'autres actions. S'il monte, c'est peut-être le temps de vendre et de réaliser un profit.

Il est important de transmettre avec transparence les mauvaises comme les bonnes nouvelles aux actionnaires. Les profits récurrents doivent être déclarés, les variations importantes, soulignées. Quant à la politique sur les dividendes, elle doit être claire, nette et précise. Je suis pour le principe de bonne information, mais je ne vois pas l'utilité d'une surabondance de détails. Contrairement à l'effet recherché, elle risque de nuire à la compréhension.

Les rapports annuels, par exemple, ont intérêt à être rédigés dans un langage simple et concis à l'intention de l'actionnaire moyen et non dans un jargon comptable et juridique que même un analyste compétent n'arrive pas à déchiffrer. Je déteste aussi le genre de document qui se concentre sur les belles réalisations en balayant les échecs sous le tapis. Il m'est arrivé souvent de lire des rapports annuels flamboyants sur des compagnies qui ont fait faillite moins d'un an plus tard ! De plus, les rapports annuels et trimestriels, les communiqués de presse et tout autre document transmis aux actionnaires relèvent du conseil d'administration. En principe, ils sont approuvés par les administrateurs, puis signés par le président du conseil, qui en autorise la diffusion. Ces tâches ne devraient pas incomber aux seuls dirigeants, car c'est le CA, et non la direction de l'entreprise, qui représente les actionnaires.

Comme je l'ai déjà mentionné, l'administrateur, en tant que fiduciaire, doit représenter équitablement tous les actionnaires. Le cas échéant, c'est à lui de s'assurer qu'un actionnaire à forte participation, voire en contrôle, n'abuse pas de sa position privilégiée. C'est ainsi que fonctionnent des sociétés comme Weston et Thomson, contrairement à certaines autres, dont je tairai le nom, et que les investisseurs intelligents éviteront, même si cela laisse à l'actionnaire abusif toute latitude pour acheter des actions à rabais.

Ces dernières sociétés devraient être mises au pilori, et les organismes de réglementation devraient prendre les mesures nécessaires pour mettre un terme à l'oppression. Jarislowsky Fraser a souvent traîné devant les tribunaux des compagnies où les administrateurs étaient simplement des copains du propriétaire. Il est arrivé que nous n'ayons pas eu gain de cause, car souvent les juges n'osent pas renverser les décisions des CA. Il faudrait que les administrateurs, en tant que fiduciaires, agissent comme les véritables professionnels qu'ils sont et qu'à ce titre ils placent l'intérêt de leur client – l'ensemble des actionnaires – au premier plan et mettent leurs connaissances, leur expertise et leur pouvoir au service de celui-ci.

Malheureusement, ils n'agissent pas tous avec professionnalisme. Cette situation me rappelle les blagues sur les avocats véreux : elles décrivent des comportements qui portent atteinte à l'ensemble de la profession, y compris les avocats qui ont une conduite exemplaire. Il en va de même des mauvais administrateurs : leurs manquements rejaillissent sur tous les autres. Les CA des grandes sociétés doivent se soumettre à une réforme pour devenir les véritables représentants des actionnaires. Il est tout aussi important, sinon plus, que les investisseurs institutionnels apprennent à exercer le pouvoir qu'ils détiennent – quitte à y être forcés – afin d'améliorer la gouvernance d'entreprise et le comportement des administrateurs. S'ils ont à craindre de quelconques conflits d'intérêts, ils devraient chercher à éviter ceux qui mettent en cause leurs véritables clients (les actionnaires) plutôt que leurs fournisseurs de clients (les mandataires).

Les législateurs et les organismes de réglementation ont également un rôle important à jouer dans la protection des intérêts des petits investisseurs. À mon sens, les commissions des valeurs mobilières seraient en mesure de faire des recommandations aux législateurs pour qu'ils instaurent des lois efficaces. Voilà une des raisons pour lesquelles nous avons mis sur pied la Coalition canadienne de la bonne gouvernance. De plus en plus, nous découvrons qu'au Canada les lois ne sont absolument pas équitables pour les actionnaires.

Actuellement, les commissions des valeurs mobilières ne s'occupent pas vraiment des actionnaires. Elles remuent beaucoup de paperasse, exigent la remise de tas de formulaires, produisent toutes sortes de rapports chaque année et supervisent la préparation de prospectus aussi incompréhensibles que dépourvus d'intérêt. C'est beaucoup de travail et beaucoup d'argent pour pas grand-chose, et ce ne sont certainement pas les actionnaires ni le grand public qui en profitent.

Les investisseurs sont vraiment dans une jungle, où ils côtoient des prédateurs redoutables qui savent que quiconque est assez stupide pour leur confier de l'argent est une proie. Ils peuvent chercher refuge à la Coalition ou chez Jarislowsky Fraser, mais il n'est pas dit que nous arriverons à les protéger. Les lois permettent de faire des entourloupettes en toute tranquillité. «C'est légal; nous n'y pouvons rien» est d'ailleurs tout ce que les commissions des valeurs mobilières trouvent à nous dire lorsque nous attirons leur attention sur les manigances qui nuisent aux investisseurs. Pourtant, je crois que c'est aux commissaires d'éclairer les législateurs et d'insister pour que les lois changent.

Les actionnaires canadiens n'ont pratiquement pas de recours en cas de prise de contrôle, de radiation de cote et de transactions d'initiés. Les actionnaires majoritaires ont tout le loisir de racheter les parts des actionnaires minoritaires sans payer le juste prix. Il faut remettre en cause cette forme d'oppression et modifier la législation de façon que les litiges soient réglés par des conseils d'arbitrage spécialisés plutôt que par des tribunaux. Ainsi, dans les sociétés à deux catégories d'actionnaires, il y aurait lieu de prévoir la conversion des actions à droit de vote multiple en actions ordinaires, advenant une prise de contrôle. Quant aux sanctions pour infraction aux règlements des commissions, elles doivent être plus sévères. Je crois également que nous avons besoin d'un organisme de réglementation national qui aurait plus de poids que les actuelles commissions provinciales. Au Canada, seul le fédéral peut poursuivre au criminel, tandis que les commissions ont seulement le pouvoir civil des provinces. Cela aussi demande un changement.

Je suis un ardent défenseur des actions comme outil de placement, mais je ne peux m'empêcher de mettre les épargnants en garde contre le laxisme de nos organismes de réglementation. Bien que l'actionnaire soit la pierre angulaire de l'entreprise privée, il est actuellement le dernier à goûter aux fruits de son investissement. Tout un chacun se sert avant lui: les banques, les syndicats, le fisc, les comptables, les dirigeants. S'il reste quelque chose, peut-être en profitera-t-il. C'est une situation lamentable.

Tous ont leur mot à dire lorsqu'il s'agit de trouver des solutions, ou encore d'instaurer ou d'amender les lois en matière de valeurs mobilières. Tous, sauf les investisseurs. Même devant un tribunal, la partie n'est pas facile pour eux. Le juge n'osera pas contredire les administrateurs sous prétexte qu'ils en connaissent plus que lui. C'est à cause d'un tel laisser-aller qu'on a droit à des délits comme ceux qu'ont commis Conrad Black et ses sbires, ou encore les dirigeants d'Enron et ceux de WorldCom. On ne peut faire autrement que de remettre en question les compétences des juristes qui traitent les procès d'actionnaires.

Malheureusement, il arrive trop souvent que les lois et l'appât du gain favorisent les finances supérieures des entreprises au détriment des investisseurs. Et dans ce genre de situation, il est rare qu'on puisse espérer quoi que ce soit de nos commissions des valeurs mobilières. En réalité, les lois et règlements en matière de valeurs mobilières sont fortement influencés par la grande entreprise (et ses avocats grassement payés). Elle n'a que faire de l'épargnant une fois qu'elle a pu obtenir son argent. En cas de litige, le particulier ne peut pas non plus compter sur le sens de la justice et de l'éthique des commissions des valeurs mobilières. À moins de dénoncer quelque chose de clairement illégal, il ne lui sert à rien de recourir aux organismes de réglementation. Et les rares fois où ceux-ci interviennent, leurs avocats relativement mal payés servent de pâture à ceux des prédateurs, ou alors les procès traînent en longueur. Justice différée est justice refusée.

Aux fins de l'efficacité et de l'éthique, la procédure judiciaire doit être révisée de fond en comble. S'il est une cause qui démontre à quel point cette réforme est nécessaire, c'est bien la cause Keeprite : des millions de dollars en frais d'avocat, une aventure qui s'étira sur huit années, et un juge qui « ne peut prouver hors de tout doute que les administrateurs ont agi de façon malhonnête », donc qui se range du côté de la compagnie plutôt que de protéger les actionnaires. C'est à mes yeux le cas d'oppression le plus flagrant auquel nous ayons été mêlés. Nous avons perdu le procès, et je ne sais toujours pas si le juge, qui a aveuglément appuyé le conseil d'administration, avait bien examiné tous les tenants et aboutissants de l'affaire.

Un éminent membre du CA de Keeprite, Purdy Crawford (l'un des plus anciens membres de l'establishment juridique de Toronto à l'époque, devenu un de mes amis depuis), avait prévu la tournure des événements et m'avait bien prévenu. La cause a d'abord été instruite devant un juge ontarien. Comme les demandeurs étaient principalement des résidents québécois, nous avons interjeté appel, mais la Cour d'appel de l'Ontario a appuyé sans réserve le juge de première instance. Ce procès a duré huit ans et il a coûté une fortune. Ma confiance envers les tribunaux a été franchement ébranlée. Puis je me suis souvenu de Pantagruel, le héros du satiriste français Rabelais. Nommé juge à Lyon, Pantagruel était devenu célèbre dans toute la France grâce à sa compétence et à son sens de la justice : pour déterminer qui aurait gain de cause dans un procès, il tirait à pile ou face !

L'une des seules fois où la Commission des valeurs mobilières de l'Ontario (CVMO) a assumé pleinement son rôle a été lors de la tentative de prise de contrôle de la société Canadian Tire. La différence entre les montants respectifs que s'apprêtait à verser la société en contrepartie des actions ordinaires (à droit de vote multiple) et des actions de catégorie A (à droit de vote subalterne) était énorme. Un certain nombre de personnes, dont Stanley Beck, président de la CVMO et ancien doyen de la Osgoode Hall Law School de l'université York, et moi-même, ont monté un solide dossier pour protester contre cette proposition. Pour une fois, la CVMO a pris sur elle de statuer que cette transaction n'était absolument pas équitable. Nous avons fait élire un administrateur de notre choix au CA, mon bon ami Ron Oberlander, qui a par la suite été nommé PDG de la société Abitibi-Consolidated. Il a fait un travail formidable en tant qu'administrateur du CA de Canadian Tire et s'est valu l'admiration de tous, y compris de Martha Billes, la détentrice du bloc de contrôle. Depuis ce temps, Canadian Tire est devenue un modèle de bonne gouvernance bien qu'elle ait conservé deux catégories d'actions.

Nous avons été mêlés à une cause du même genre avec la Supertest Petroleum Corporation, une chaîne de stations-service. La société Shell Oil, qui souhaitait acquérir Supertest, offrait un prix extravagant pour les actions à droit de vote multiple que détenait la famille Thompson. Dans les années 1960, de concert avec les Jackman, des hommes d'affaires de Toronto, nous nous sommes opposés à cet arrangement injuste et avons réussi à imposer d'importantes modifications avant que ne se conclue l'entente.

Au cours des années, nous nous sommes souvent battus pour empêcher de telles prises de contrôle. À plusieurs reprises, nous avons tenté l'impossible pour nous entendre avec l'acheteur sur une juste valeur marchande plutôt que d'entamer des poursuites. Une des affaires que nous n'avons pas réussi à régler hors cours est célèbre. En 1978, Consolidated-Bathurst, une filiale de Power Corporation, avait pris le contrôle de Domglas en versant 20 $ l'action aux actionnaires minoritaires, groupe dont nous faisions partie et qui représentait une participation de 4 %. Nous avons contesté cette transaction. La cause a été instruite à Montréal en 1980, et notre avocat, Me François Mercier, l'a emporté haut la main. La Cour supérieure du Québec a statué que Consolidated-Bathurst devait verser 36 $ l'action aux actionnaires minoritaires. Cette cause est présentée comme un classique du genre dans les ouvrages de droit canadiens et québécois.

François et moi célébrions notre victoire au Club Mont-Royal, rue Sherbrooke, lorsqu'est apparu Paul Desmarais, l'actionnaire dominant de Power Corp et de Consolidated-Bathurst. Je l'ai taquiné en lui faisant remarquer qu'il oubliait de nous féliciter. Il s'est exécuté de bonne grâce, tout en demandant à François pourquoi il avait décidé de travailler avec nous. « Vous ne m'avez pas demandé de vous représenter ! » lui a répliqué François. Un mot d'esprit qui reflète bien la nature mercenaire de notre milieu.

Chapitre 6

Le commerce du placement : *caveat emptor* !

Compte tenu de l'avidité insatiable des dirigeants d'entreprise, de la paresse des administrateurs, de l'inefficacité des lois en matière de valeurs mobilières, des annonces de mauvais résultats et des nombreux scandales, les petits investisseurs ont raison de penser que, à la Bourse, les dés sont pipés. Ils en arrivent même à regretter d'avoir investi dans des actions ou des fonds communs. Dégoûtés du monde du placement et ne croyant plus aux vertus de l'épargne, ils dépensent sans compter ou achètent de nouvelles maisons qui ont au moins le mérite de leur être utiles et de leur appartenir en propre.

La plupart des gens qui ont peu d'expérience ou de connaissances en matière de placement ne savent pas vers qui se tourner ou quels titres acheter. Soit ils suivent les tuyaux que leur filent leurs amis, auquel cas ils prennent beaucoup de risque et ne savent pas à quel moment vendre. Soit ils font affaire avec des courtiers en valeurs mobilières ou des conseillers financiers qui, trop souvent, voient à leurs propres intérêts avant ceux de leurs clients.

Les tuyaux portent rarement sur des valeurs sûres comme les Laboratoires Abbott, Philip Morris ou GE, mais plutôt sur des titres d'actifs fictifs comme Bre-X. Bien entendu, il y a des exceptions, mais sur cinq pronostics du genre, il est probable qu'un seul, tout au plus, s'avérera un bon choix à long terme. En général, le grand public voit la Bourse comme une sorte de casino. Et malheureusement, les faits lui donnent souvent raison. La différence, c'est qu'au casino le joueur perd ou rafle la mise plus rapidement et qu'en fin de compte il est perdant.

Les courtiers en valeurs mobilières tirent leurs revenus des commissions. Celui qui aurait conseillé à son client d'acheter des actions des Laboratoires Abbott l'aurait bien regretté, car il n'aurait touché qu'une seule commission. En effet, l'investisseur aurait tout simplement conservé sa position, sauf peut-être pour acheter des actions supplémentaires. Et même dans ce cas, le courtier aurait eu une commission d'achat, pas de commission de vente.

Le courtier n'a pas intérêt à immobiliser des fonds pendant 40 ans. Il cherche donc à persuader son client d'acheter les titres en vogue et l'incite à les vendre après avoir réalisé un gain de 20 %, en lui disant qu'il ne se trompe jamais en « faisant du profit ». Au contraire, si la valeur du titre descend sous le prix d'acquisition, le courtier aura certainement « quelque chose de mieux » à proposer. Chaque fois, il empoche une commission !

Un jour, un homme a eu le bon sens de demander à son courtier pourquoi il n'était pas devenu riche s'il était si malin. Seuls les courtiers fortunés peuvent se permettre de donner des conseils sans compter sur les commissions. Mais la plupart s'empressent de révéler à leurs associés les sommes qu'ils ont accumulées pendant le mois ! Or, cet argent provient de quelque part. Plus l'investisseur fait de transactions, plus il paie de commissions et plus il diminue son gain, sauf s'il est assez important ou astucieux pour ne pas se faire prendre quand il manipule le marché. Sachant que, sur une période de 100 ans, le rendement annuel moyen des actions se situe entre 5 et 6 %, il n'a pas intérêt à dépenser l'équivalent en commissions !

Je pourrais gagner un million de dollars par année en témoignant pour des actionnaires qui croient s'être fait arnaquer par des courtiers et des preneurs fermes. J'ai bien l'impression que le trop grand appétit de ces investisseurs a joué un certain rôle dans leur malheur. Mais il ne fait aucun doute que le principal responsable est le critère d'évaluation des courtiers : leur rendement est jugé en fonction des commissions qu'ils rapportent, non en fonction de la performance des placements qu'ils recommandent à leurs clients.

Ce conflit d'intérêts est inhérent au secteur du placement. Pour le régler, certains proposent naïvement d'interdire aux courtiers de solliciter des ordres ou de donner des conseils. Ou alors, plutôt que de toucher une commission sur chaque transaction, ils pourraient recevoir un pourcentage prédéterminé chaque année sur l'ensemble des opérations qu'ils effectuent, comme c'est le cas des conseillers en placements.

Quoi qu'il en soit, actuellement, chaque dollar versé au courtier, au conseiller ou à la firme de courtage, de même qu'aux banquiers, avocats, comptables, services de fiscalité et ainsi de suite, provient des goussets de l'investisseur.

Les frais que doit payer l'investisseur prennent plusieurs formes. Il verse une commission au courtier chaque fois qu'il achète ou vend des titres. S'il est actionnaire, il contribue à la rémunération du preneur ferme. S'il fait affaire avec un conseiller en placements, il lui paie des honoraires qui peuvent s'avérer rentables ou au contraire gruger son capital – risque qu'il peut éviter en conservant simplement ses placements. Les frais administratifs des conseillers financiers et des gestionnaires et vendeurs de fonds communs, de même que les frais de garde – un mal nécessaire – proviennent eux aussi du porte-monnaie de l'investisseur et diminuent son rendement.

Toute transaction est coûteuse. Donc, moins on transige, moins on paie de commissions et plus rentables sont les placements. L'investisseur qui fait affaire avec un courtier de plein exercice a intérêt à négocier les frais de service, ce qui se fait de nos jours. Sans quoi il pourrait payer jusqu'à 2 % de commission par opération. Toute une différence comparativement aux frais de 0,1 à 0,3 % qu'exigera un courtier à escompte !

Compte tenu de leur mode de rémunération, les courtiers doivent effectuer suffisamment de transactions pour survivre. De plus, répétons-le, leur rendement professionnel n'est pas évalué en fonction de la performance des placements de leurs clients, mais bien en fonction des commissions qu'ils ont accumulées dans l'année. À ce titre, il est à noter que les actions à bas prix leur rapportent davantage.

Lorsqu'un courtier vend un fonds commun de placement, il peut toucher annuellement jusqu'à 0,5 % de la mise initiale tant et aussi longtemps qu'il convainc son client de conserver ce fonds, et ce, même s'il s'agit d'un produit minable. Par ailleurs, s'il persuade l'investisseur d'acheter une valeur spéculative, tôt ou tard il recevra l'ordre de la revendre, car il ne s'agit pas d'un placement sûr qui rapporte des dividendes. En fait, ce titre ressemble davantage à un jeton de casino qu'à un placement. Au contraire, si l'investisseur avait acheté des actions de Coca-Cola ou de Pfizer et les avait conservées, il aurait obtenu des dividendes élevés et n'aurait payé une commission qu'une seule fois.

Les courtiers font appel à la cupidité naturelle de l'être humain. Dans cette perspective, ils font la promotion de titres spéculatifs, les favoris du moment, voués à une mort certaine une fois l'engouement disparu. WorldCom, Nortel et Tyco sont quelques exemples bien connus.

Habituellement, on fait mousser la vente des nouvelles émissions. Or, d'après mon expérience, il vaut mieux attendre un an ou deux avant d'acheter la plupart de ces titres, soit le temps que leur cours diminue. À moins d'avoir absolument besoin de liquidités, les entreprises font un premier appel public à l'épargne uniquement lorsqu'elles sont capables d'obtenir un prix élevé. Sauf exception, j'évite donc les nouvelles émissions. Je n'ai pas toujours eu raison, car il ne faut pas oublier que toute société prospère a été lancée sur le marché un jour ou l'autre. J'aurais dû m'emparer de certaines actions que j'ai complètement ignorées. Mais dans l'ensemble, cette ligne de conduite m'a épargné bien des maux. Il n'y a qu'à penser à tous les titres émis par les entreprises pointcoms ou de haute technologie ; la plupart sont moribondes ou n'existent plus aujourd'hui. Je déconseille l'achat des valeurs en vogue pour la simple et bonne raison que toutes les modes finissent tôt ou tard par tomber !

Les maisons de courtage font également des émissions secondaires : d'importants blocs de titres déjà émis, dont le détenteur veut se départir sans faire sombrer le marché. Comme les nouvelles émissions, les émissions secondaires s'effectuent généralement quand le cours est élevé. Mais ce n'est pas toujours le cas, car parfois le porteur, souvent une fondation de famille, souhaite vendre pour diversifier son portefeuille. Ces titres peuvent constituer un placement intéressant dans la mesure où leur prix est relativement raisonnable, non pas un haut historique, et que la société demeure solide et continue d'avoir des perspectives de croissance.

Nous avons tous entendu parler de professionnels du placement ayant tiré quelques ficelles pour que les choses tournent à leur avantage[3]. Strictement dictées par l'appât du gain, ces pratiques douteuses ont fait scandale et ont encore une fois alimenté la défiance des petits investisseurs à l'égard des marchés. Voici de quoi il s'agit. La rémunération de nombreux analystes et gestionnaires est assortie de primes au rendement. Pour toucher une grosse prime, l'analyste qui travaille pour un important gestionnaire de fonds doit sélectionner des titres dont la performance dépasse celle du sous-indice de référence ou de l'indice composé de la Bourse de Toronto ou du Standard & Poor's. Sinon, pas de récompense. Que fait l'analyste si le rendement des valeurs qu'il a choisies est inférieur à celui du sous-indice ? Il en achète d'autres qui ne se négocient pas facilement. Puisque,

---

[3]   En anglais, on parle de *juicing.*

dans cette situation, il n'y a généralement pas beaucoup de titres en circulation, il rafle tout ce qu'il y a sur le marché, et le prix augmente. Cette entourloupe favorise l'estimation de l'analyste. Prime instantanée. Quelle trouvaille!

N'importe quel grand gestionnaire de fonds peut ainsi manipuler le marché. Par exemple, Jarislowsky Fraser détient presque 20 % des actions de plusieurs petites sociétés. Si nous placions un ordre d'achat au mieux pour 50 000 actions de l'une d'entre elles, nous pourrions faire augmenter le cours de 10 à 20 %, car, en temps normal, la liquidité réelle de ces compagnies n'est pas très importante et tourne autour de 2 000 actions par jour. Pour en acquérir un tel volume sans faire monter la cote, il faudrait placer un ordre ouvert à un prix donné, de préférence inférieur au cours du marché, tout en priant pour qu'un vendeur attende une telle offre pour vendre un paquet d'actions. Nous éviterions ainsi de payer trop cher, mais cette stratégie ne favoriserait pas notre rendement. Un ordre de cette envergure éliminerait toute autre offre, intéressante ou non.

S'il compte plusieurs courtiers parmi ses amis, le gestionnaire peut les amener à placer une recommandation de vente pendant que lui-même achète. Puis, une fois qu'il a atteint son objectif, il peut demander à ces mêmes courtiers de placer une très forte recommandation d'achat, ce qui lui permet de se débarrasser des titres. J'ai un vague souvenir d'un gestionnaire de fonds spécialisé dans ce genre de combines à une certaine époque.

Ces pratiques sont carrément malhonnêtes. Mais il semble qu'aucune forme de surveillance, de réglementation et de sanction ne soit suffisante pour les prévenir. En réalité, on peut se demander : que font donc les organismes de réglementation dans de tels cas ? À ce que je sache, aucun des escrocs de l'affaire Bre-X n'a été emprisonné ou même poursuivi en justice.

Les commissions des valeurs mobilières n'ont rien fait pour empêcher les « escrocs inc. » de voler les investisseurs à grands coups d'états financiers falsifiés – des fraudes qui ont essentiellement servi à maintenir l'élan des entreprises et à valoriser des options déjà exorbitantes. Je me demande si l'amende de un million de dollars qu'a dû payer le holding de Michael Cowpland a eu l'effet dissuasif escompté. Quand on sait que cet homme a réalisé un profit énorme en vendant des actions pour quelque 20 millions de dollars alors qu'il savait que l'action allait s'effondrer, on ne peut qu'en douter.

Les commissions des valeurs mobilières ne daignent pas conseiller les investisseurs ni sonner l'alarme lorsqu'elles pressentent le chapardage des entreprises. En fait, elles devraient exiger que la dilution créée par l'octroi d'options figure nommément dans les états financiers et le bilan. Les scandales à la Cinar, Livent et Enron auraient peut-être pu être évités. Quant aux comptables, on est en droit de douter de leur fiabilité. Dans la même veine, on peut se demander pourquoi le vérificateur présente son rapport aux administrateurs alors qu'il est payé par les dirigeants, avec qui il est peut-être de connivence. On devrait l'obliger à se prononcer sur l'intégrité des états financiers, et non seulement sur leur conformité par rapport aux pratiques comptables convenues, tâche dont peut s'acquitter le comptable de l'entreprise. À mon sens, un vérificateur doit être le gardien de la probité de la société. Sinon, on peut s'en passer !

Je n'ai guère plus confiance aux vendeurs de fonds communs, souvent d'anciens courtiers qui ne réussissaient pas à gagner leur vie en vendant des actions à cause de la forte concurrence du secteur. Les conseillers financiers ne sont pas plus rassurants ; ce sont des vendeurs de fonds et d'assurance déguisés. Avant de confier mon argent à l'un ou l'autre, je voudrais savoir s'il est riche et comment il gagne son argent.

Je déplore l'actuelle popularité des fonds communs de placement. Grâce à de la publicité rondement menée, ils attirent toutes sortes de petits investisseurs sans expérience. En plus des frais prélevés à l'acquisition et au rachat, ces produits encourent des frais d'exploitation qui d'ordinaire sont trop élevés, mal expliqués et imprimés en très petits caractères. Supposons, par exemple, que parmi la multitude de fonds offerts, le fonds moyen affiche le même rendement qu'une action, soit 5 à 6 % par année. Si les frais d'exploitation et les commissions absorbent

2 %, l'investisseur assume tout le risque que représente ce placement pour obtenir un rendement réel de 3 à 4 % avant impôt (rappelons que dans le cadre d'un REÉR, l'imposition est simplement reportée).

Si, en tant qu'investisseur, vous détenez ce type de placement, sachez donc que de 33 à 40 % de votre rendement, après inflation mais avant impôt, se retrouvent dans les poches du gestionnaire. Il arrive souvent, notamment dans le cas de fonds communs canadiens assortis de frais d'acquisition, que les frais totalisent plus de 2 % par année. Si vous faites affaire avec un courtier, vous lui versez indirectement probablement de 0,5 à 0,75 % de plus par année juste pour qu'il vous décourage de vendre le fonds et qu'il se régale à vos dépens. Assurez-vous de savoir quels sont vos frais. Notre firme n'en prélève jamais plus de 0,5 % pour la gestion spécialisée. Bien entendu, ce pourcentage correspond à un montant considérable puisque, normalement, nous ne gérons que des comptes de 500 000 $ et plus. Mais il s'agit de notre taux maximum ; pour les très gros comptes, nos honoraires peuvent descendre sous la barre du 0,1 %. En supposant que les actions procurent un rendement annuel moyen de 5 à 6 % après inflation, une différence de 1,5 % est énorme à long terme – faites le calcul vous-même en tenant compte du coefficient d'intérêts composés.

Autrement dit, si l'on estime que près de la moitié des gains potentiels des fonds communs est siphonnée sous forme de frais, ce type de placement coûte très cher et est relativement risqué. Les frais de rachat peuvent hypothéquer encore plus le rendement, particulièrement dans le cas des fonds qui donnent de mauvais résultats, car ils sont calculés sur le montant placé à l'origine. Ces produits présentent un certain intérêt dans un marché haussier, mais non dans un marché baissier ou calme. Il est vrai que le gestionnaire a avantage à ce que l'investisseur réalise de meilleurs gains, mais même dans une situation favorable, ses frais de gestion resteront trop élevés et constitueront un trop grand risque, compte tenu du rendement à long terme. Comparativement, les obligations de qualité dont l'échéance est de plus de 10 ans procurent un rendement réel de 2 % pratiquement sans risque. Toutefois, si l'investisseur utilise les coupons avant l'échéance, il essuiera une perte après inflation et impôt.

Le gestionnaire de fonds communs de placement qui réussit à concocter des produits effectivement rentables sera généreusement récompensé, et pas seulement sous forme de rémunération. Ses fonds se vendront mieux que les autres, car les conseillers feront remarquer à leurs clients qu'ils sont dans le peloton de tête. On parlera de lui dans les journaux et à la télévision. Avec un peu de chance, sa photo paraîtra chaque jour dans des publicités. Il deviendra une célébrité au summum de sa gloire ! Dans l'univers des fonds communs de placement, la concurrence est une sorte de guerre. Et à la guerre comme en amour, tous les moyens sont bons.

Les divers méfaits commis par les maisons de courtage au nom de la cupidité risquent de désenchanter les investisseurs pour de bon, car ils ne cessent d'en faire les frais. Les effets d'une telle perte de confiance pourraient se traduire par des pertes d'emploi, un ralentissement économique et une forme de rejet du système capitaliste. Le monde entier en souffrirait !

Peu importe que vous soyez un petit ou un grand investisseur, il est temps de vous rebeller. Refusez que votre société de fiducie ou maison de courtage signe aveuglément les procurations sollicitées par les dirigeants d'entreprise, car elles sont souvent le nerf de la guerre. Dotons-nous de lois en vertu desquelles les procurations devront être envoyées aux propriétaires réels des entreprises et devront être signées et postées par eux. Demandons également aux législateurs d'interdire aux compagnies de payer les courtiers pour les inciter à leur envoyer les procurations. Il ne s'agit ni plus ni moins que de pots-de-vin, car ces procurations sophistiquées sont toujours à l'avantage des directions d'entreprise.

Nous devons également nous soulever contre la pratique des frais administratifs versés aux courtiers pour qu'ils persuadent leurs clients de conserver leurs parts : une autre forme d'arrosage qui souvent amène les investisseurs à garder des placements non rentables. Si le placement est bon, il n'est pas nécessaire de soudoyer le courtier.

Compte tenu des pratiques décrites plus haut et des récents scandales dans l'univers de la grande entreprise, on comprend pourquoi très peu de petits investisseurs obtiennent de bons résultats. Il est temps qu'ils sortent de leur apathie, cessent d'être dupes et se mettent à veiller eux-mêmes à leurs intérêts. Pour ce faire, il leur faut acquérir suffisamment de connaissances.

Par ailleurs, ils peuvent acquérir des fonds constitués par des conseillers en placements réputés (la firme Phillips, Hager & North en a une gamme très populaire). Ils obtiendront ainsi une forme de conseil d'excellente qualité tout en évitant de payer des frais astronomiques. Des frais de 1,25 % au maximum sont acceptables pour des fonds diversifiés et prudents. Comme tels, les services de conseillers en placements ne sont habituellement offerts qu'à des particuliers ayant des actifs considérables (500 000 $ et plus). Je recommande aussi à ces investisseurs de bien examiner les frais exigés et de s'assurer de la qualité des services offerts par la firme avant de signer quelque entente que ce soit.

À 0,5 % par année, les frais de Jarislowsky Fraser sont sans doute les plus bas du secteur. Une différence de 0,5 % ou 0,25 % crée tout un écart de rendement sur une période de 10 à 20 ans lorsqu'on tient compte du coefficient d'intérêts composés. Si l'on suppose que les actions rapportent de 5 à 6 %, le fait de payer des frais de 1 % plutôt que de 0,5 % se traduit par une différence de rendement d'environ 10 %. Si vous faites affaire avec un conseiller dont les frais sont raisonnables, celui-ci vise les mêmes objectifs que vous. Plus vos placements fructifient, plus grande est sa récompense. Évitez les firmes qui paient des primes au rendement, sauf si vous faites un placement spéculatif.

Plus le rendement potentiel est élevé, plus le risque est grand pour vous – pas pour le gestionnaire. Assurez-vous de bien connaître votre tolérance au risque. Le gestionnaire n'a pas grand-chose à perdre, tandis que vous pourriez voir s'envoler votre mise.

Les frais de garde sont nécessaires, à moins que vous ne voyiez aucun inconvénient à courir jusqu'à votre coffret de sécurité chaque fois que vous faites une opération. Ils peuvent être considérables, surtout si vous faites beaucoup de transactions. Sachez cependant que les courtiers de plein exercice garderont vos titres sans frais, car ils effectueront vos opérations. Vous paierez des commissions plus élevées que si vous faisiez affaire avec un courtier à escompte, mais vous n'aurez pas à vérifier les reçus de dividendes et toutes sortes d'autres documents. Si vous transigez peu, vous y trouverez votre compte.

En conclusion, vous devez chercher à réduire vos dépenses de placement au minimum, car chaque portion de 0,25 % par année totalisera un montant considérable au bout de 20 ans. Dans cette optique, je vous conseille d'adopter une philosophie de placement rigoureuse, disciplinée et réfléchie, grâce à laquelle vous n'effectuerez que peu de transactions. Vous pourrez ainsi dormir sur vos deux oreilles et passerez tranquillement au travers les périodes de panique boursière. Évitez les nouvelles émissions et tout produit coûteux tels que les fonds communs de placement assortis de frais de gestion élevés. Si vous en avez les moyens, faites appel à des conseillers en placements de première classe, sinon investissez dans leurs fonds communs maison, à condition que leurs frais soient minimes, et optez pour des fonds équilibrés (actions et obligations) ou des fonds d'actions de premier ordre.

Parmi les gestionnaires compétents, je vous recommande de choisir celui qui a une conduite exemplaire. La performance a ses limites, sauf si on est prêt à prendre beaucoup de risque. Ne vous laissez pas tenter par les étoiles montantes, et optez pour des fonds dont la constitution repose sur de solides politiques de placement à long terme et le travail d'équipes de recherche qualifiées. Résistez à l'envie de les vendre s'ils traversent une mauvaise passe pendant une année ou deux – cela arrive aux meilleurs. Si les politiques de placement et de sélection de titres de votre gestionnaire sont rigoureuses, vous obtiendrez un rendement à long terme intéressant tout en conservant votre capital.

Tant et aussi longtemps que les investisseurs seront guidés par la cupidité et que les conseillers la nourriront, il se trouvera des gestionnaires aux pratiques douteuses. Informez-vous sur le mode de rémunération des gestionnaires et des analystes. S'ils ont la possibilité de toucher d'énormes primes pour des rendements à court terme, *caveat emptor* (prenez garde).

Chapitre 7

S'enfoncer dans la jungle

Il y a bien des façons de gagner de l'argent en faisant des placements. Il y a aussi bien des façons de perdre temps *et* argent, ce qui est généralement beaucoup plus facile !

N'oubliez pas que si vous faites de mauvais placements dès le départ, vous risquez de persister dans cette voie toute votre vie. Vous avez donc intérêt à vous concocter un bon plan de placement le plus tôt possible, et à ne pas y déroger.

Pour faire fructifier votre argent le plus efficacement possible, vous devez compter avec la croissance capitalisée ; autrement dit, vous devez capitaliser les intérêts que vous rapportent vos placements. En vertu de ce principe, ne tardez pas à investir, tout en optant pour des valeurs qui présentent un minimum de risques et ont des chances de doubler de valeur au bout de cinq à sept ans.

Bien connu dans l'univers du placement, la notion de croissance capitalisée est assez simple : la valeur d'un placement ayant un taux de rendement moyen de 14 % par année doublera à chaque tranche de cinq ans. Les résultats sont assez saisissants. En 40 ans de vie active par exemple (disons de 25 à 65 ans), la somme de 100 000 $ produira 25,6 millions de dollars. Par ailleurs, un placement ayant un taux de rendement moyen de 10 % par année doublera de valeur à chaque tranche de sept ans. Au bout de 40 ans, les 100 000 $ du cas précédent donneront *seulement* 5,1 millions de dollars. Cette différence, qui vous surprendra sans doute, démontre bien à quel point il est important de commencer à investir tôt dans la vie et de choisir les bons placements. Les grosses erreurs peuvent coûter très cher.

Laissez-moi vous présenter ce principe autrement. Supposons que vous avez 40 ans, une maison, une voiture et peut-être un chalet ; vous disposez également d'un montant de 100 000 $ que vous placez à 14 % d'intérêt (un objectif ambitieux mais réaliste) ; à l'âge de 60 ans, vous aurez accumulé 1,6 million de dollars. Comparativement, si vous aviez placé seulement 10 000 $ à 20 ans, toujours à 14 % d'intérêt, à 60 ans, vous auriez amassé 2,6 millions de dollars. Et votre pécule totaliserait 25,6 millions de dollars si, au lieu de 10 000 $, vous aviez eu la chance d'investir 100 000 $.

Alors, pourquoi ne pas oublier la seconde voiture, payer un loyer plutôt que d'être aux prises avec une énorme hypothèque et commencer à investir dès l'âge de 20 ans ? J'ai donné 50 000 $ à chacun de mes quatre enfants l'année où ils ont eu 18 ans. En capitalisant ses intérêts, chacun aura accumulé au moins 12 millions de dollars à son 60e anniversaire. Même si on ne place qu'une fraction de ce montant, il est essentiel de commencer à investir le plus tôt possible.

Malheureusement, la plupart des gens font exactement le contraire. Croyant qu'ils ne vieilliront jamais, ils ne mettent pas un sou de côté quand ils sont jeunes, dépensent sans compter et contractent autant de dettes que le leur permettent les banques ou sociétés de crédit. Une telle attitude mène tout droit à l'esclavage et à d'énormes difficultés financières à l'âge de la retraite. Pourtant, avec un peu de prévoyance, on peut éviter cette situation. Il suffit de commencer à investir tôt dans la vie et de comprendre le phénomène de la croissance capitalisée.

Une fois qu'on a établi un bon plan de placement, il suffit de laisser s'accumuler les intérêts ; tout gain supplémentaire pourra alors être dépensé en toute bonne conscience. Je ne comprendrai jamais pourquoi ces principes ne sont pas enseignés à l'école secondaire ; pourtant, ils sont beaucoup plus simples que la plupart des choses inutiles qu'on y apprend.

Je tiens encore une fois à souligner que le fait de conserver ses économies à la banque ou de les injecter dans une maison ou dans toute autre forme de bien matériel ne donne rien. Il faut investir dans des placements dont le taux de croissance capitalisée est prévisible.

Mais de quel type de placements parle-t-on au juste ?

Je n'hésite pas à recommander d'investir dans des actions de qualité, à condition d'échapper à certains pièges. Leur rendement s'est toujours avéré comparable à celui de n'importe quel autre outil de placement. En 50 ans, rien n'a pu ébranler ma foi à leur égard. Mais avant de les examiner plus en profondeur, jetons un coup d'œil à d'autres valeurs dans lesquelles il pourrait être tentant de placer son argent.

En règle générale, je déconseille aux gens de se fier à l'immobilier pour obtenir un taux de rendement satisfaisant. C'est un secteur très sensible aux fluctuations de l'activité économique, un secteur très cyclique. Le prix des maisons peut augmenter rapidement, comme nous l'avons vu dernièrement au Canada et aux États-Unis. Mais une fois l'enthousiasme refroidi, la descente peut être très glissante et très abrupte.

Très peu de gens pourraient s'acheter des maisons si leur valeur augmentait toujours plus vite que l'inflation et le produit national brut (PNB). De plus, un immeuble constitue un actif grugé par un passif qui se présente sous forme d'impôts fonciers, d'intérêts, de services publics, d'entretien et d'assurance. Je ne suis pas en train de dire qu'on ne devrait posséder ni résidence ni chalet si on en a les moyens. Je souligne simplement que, comme investissement, l'immobilier comporte beaucoup de responsabilités et de frais indirects, dont sont exempts d'autres types de valeurs. Avec une action ou une obligation par exemple, nul besoin de déblayer l'entrée du garage l'hiver! Souvent, il est plus avantageux de payer un loyer, surtout quand les maisons sont surévaluées.

Un terrain peut s'avérer un placement exceptionnel s'il réunit un certain nombre de conditions : il doit s'agir d'un terrain à usage récréatif de grande qualité, situé dans une région en plein essor démographique et économique, où les terrains sont une denrée rare et où les impôts fonciers sont bas. À moins d'être un parc national, ce type de terrain prendra de la valeur. C'est le cas du front de mer de l'île de Vancouver, qui se trouve à une heure au nord des principaux développements urbains de la Colombie-Britannique. C'est toutefois un genre d'occasion difficile à saisir.

Certains conseillers en placements ne jurent que par l'or, mais à mes yeux, c'est loin d'être un placement avisé. Il symbolise la peur et, avec le temps, n'offre guère d'avantages. Au cours des 60 à 70 dernières années, le noble métal jaune n'a pas soutenu l'inflation, n'a pas cessé de fluctuer et n'a produit aucun gain. Un lingot d'or acheté 35 $ US en 1932 vaudrait à peu près 400 $ US de nos jours. Mais je peux vous assurer qu'on pouvait acheter pas mal plus de choses avec 35 $ à l'époque qu'avec 400 $ aujourd'hui, sans compter que, dans l'intervalle, ce placement n'aurait produit aucun rendement. En réalité, l'or ne m'intéresse que sous la forme de bijoux.

L'art peut être un bon placement, mais pour amateurs avertis seulement. Prenons l'exemple de l'art chinois. La Chine, qui est en train de se convertir au capitalisme, fabrique de plus en plus de millionnaires, ce qui a pour effet d'augmenter la valeur des œuvres produites dans ce pays. Il en va de même des antiquités, de la peinture et des objets en céramique, en jade et en bronze, ainsi que des œuvres d'art ancien dont l'offre est, bien entendu, limitée. Par ailleurs, si on a du flair et qu'on peut mettre la main sur le prochain Monet, Van Gogh ou David Milne disponible, on pourra empocher le double de sa valeur en cinq ans. Comme aucune de ces pièces de collection ne verse de divi-dendes, leur propriétaire ne paie de l'impôt que lorsqu'il déclare un gain en capital. Mais naturellement, ces œuvres ne sont pas à la portée de l'investisseur moyen et ne constituent pas des placements réalistes.

Les obligations peuvent trouver leur place dans un portefeuille de valeurs mobilières, mais elles ne sont pas très intéressantes à long terme. Si elles sont sûres, elles sont assorties d'un très faible taux d'intérêt, mais si au contraire leur rendement n'est pas garanti, elles deviennent alors très risquées ! Lorsqu'elles sont assujetties à l'impôt, elles ne sont pas vraiment rentables, et quand ce n'est pas l'impôt qui diminue leur rendement, c'est l'inflation. Une obligation à 5 % d'in-térêt n'en donne en réalité que 3 % si l'on tient compte du taux d'inflation. On ne devient certainement pas riche avec un tel taux d'intérêt, et on doit attendre longtemps avant que le montant placé double de valeur. Depuis qu'on compile des statistiques sur la performance des placements, soit depuis 1925, les actions se sont avérées plus rentables que les obligations sur chaque période de 25 ans.

Il reste donc les actions. À mon sens, cet outil de placement permet, mieux que tout autre, de profiter de la croissance capitalisée. La question reste main-tenant de savoir quels titres choisir.

J'ai toujours vu la Bourse comme un lieu où il est possible de faire des place-ments très fructueux. Si on apprend à vendre au plus haut et à acheter au plus bas, on devient un véritable pro. En prime, on agit en bon chrétien, car on fait un heureux de celui qui désire acheter quand le cours atteint son maximum, et on rend service à celui qui ne veut plus rien savoir de la Bourse et est prêt à se débarrasser de ses actions à n'importe quel prix !

Certains pensent qu'on peut acheter n'importe quoi quand les prix sont suf-fisamment bas. J'ai plutôt pour principe d'investir dans des actions de croissance non cycliques de premier ordre, qui offrent un excellent rendement prévisible et qui, avec un peu de chance, versent des dividendes toujours plus élevés. Si l'on suit cette règle, on ne risque pas d'être déconcerté par la multitude d'actions qui existent sur le marché.

Il faut avoir le courage de faire des choix. Un peu comme la jungle abrite plusieurs espèces de bêtes, la Bourse recèle toutes sortes de titres – du plus inoffensif au plus agressif. Il n'est pas nécessaire d'avoir des représentants de tous ces types pour se bâtir un bon portefeuille diversifié, rentable à long terme et peu risqué. Il faut simplement acheter les bons titres à prix raisonnable et s'assurer qu'ils ne font pas fausse route. Comment s'y prend-on ?

Je vous accorde que le marché boursier peut être déconcertant. Des milliers de titres sont répertoriés dans les pages financières des journaux. Certains se vendent 100 $, d'autres quelques sous. Certaines sociétés versent des dividendes, d'autres pas. Toutes ces entreprises cherchent à réaliser des profits, mais si vous jetez un coup d'œil aux bénéfices, vous remarquerez que plusieurs semblent perdre de l'argent. Je me suis toujours demandé comment elles faisaient pour survivre. Quand je songe aux quelques actions que je juge dignes d'intérêt après avoir passé 50 ans à suivre le marché boursier, je me demande qui possède toutes les autres et, surtout, pourquoi ces gens les conservent.

Sachant qu'il y a peu de mines importantes, on peut se demander à qui appartiennent les entreprises minières. Pourquoi ont-elles voulu s'introduire en Bourse ? Leurs ventes sont insignifiantes, leurs prospects, limités. Elles sont entièrement contrôlées par des promoteurs dont l'unique activité semble être de toucher un salaire. Je n'ai jamais vu le moindre fonds d'actions de petite capitalisation s'y intéresser, même de loin. Ces actions ne sont-elles que des jetons de poker ? Des attrape-nigauds ? Pourquoi quelqu'un investirait-il de l'argent durement gagné dans la plupart des valeurs cotées en Bourse ? Parmi les investisseurs rationnels, logiques et capables d'évaluer leurs chances que je connais, aucun n'en voudrait. Elles aboutissent sans doute dans les porte-feuilles de gens innocents ou crédules qui investissent de façon irrationnelle, ou à qui des vendeurs sans scrupules font miroiter de fausses promesses.

Quelles actions devez-vous donc acheter? Si vous voulez devenir un investisseur avisé, vous devez d'abord apprendre à ne pas laisser prise aux émotions, notamment à la cupidité et à la peur. Ne tombez pas en amour avec vos actions. Entretenez avec elles des relations platoniques. Bref, restez rationnel tout le temps!

Vous devez ensuite oublier la Bourse dans son ensemble et vous concentrer sur les actions que vous détenez. Un grand ponte du placement a déjà déclaré qu'il investissait dans des compagnies qu'il n'hésiterait pas à acheter. Si l'entreprise va bien, tôt ou tard, il s'enrichira, même s'il n'en possède qu'une infime partie. Nombreux sont les propriétaires d'entreprises privées jamais cotées en Bourse qui ont fait fortune.

Au quotidien, la Bourse est comme la mer: parfois calme, parfois houleuse. Elle va dans toutes les directions. En un an, la valeur d'une action moyenne peut fluctuer de 30 %. C'est ce qu'on voit en surface. Or, si l'on regarde les choses un peu plus en profondeur, au niveau des valeurs sous-jacentes, on constate qu'il n'y a pas autant d'agitation. Mais c'est l'effervescence que la masse perçoit. Une année, l'or fait fureur; l'année suivante, c'est au tour des empires immobiliers ou des nouvelles émissions des pétrolières. À court terme, le marché boursier se fait l'écho de la cupidité, de la peur et des perceptions qui émanent de ces deux sentiments. À long terme, il affiche une croissance *moyenne,* reflet du comportement des sociétés qui enregistrent des gains toujours plus importants et versent des dividendes toujours plus élevés. Mais si vous consultez les graphiques des titres qui composent l'indice S&P 500[4] sur une période de 10 ans, vous verrez qu'il n'y a pratiquement aucun lien entre les courbes des titres particuliers et les tendances générales de la Bourse.

---

[4]   Standard & Poor's.

Je n'ai jamais rencontré personne qui puisse prévoir les fluctuations de la Bourse de façon cohérente ou exacte. Tous les grands prophètes du passé ont mordu la poussière. La première fois qu'on fait une projection, on a une chance sur deux de tomber juste ; la deuxième fois, une chance sur quatre. N'importe quel mathématicien vous dira que c'est pratiquement perdu d'avance ! Il y a bien trop de facteurs – dont plusieurs sont tout à fait illogiques – qui entrent en ligne de compte pour qu'on puisse établir un modèle prévisionnel. J'en déduis que personne ne peut savoir comment réagiront les marchés. Il en est de même de l'avenir à court terme. À moins de manipuler le marché, ce qui est illégal, il y a trop d'acheteurs et de vendeurs pour connaître à l'avance les variations d'un titre particulier. Les annonces de résultats, les circonstances et les perceptions concernant les profits à venir sont telles que, même en tant qu'administrateur, je n'ai jamais fait de pronostics à court terme dont je puisse me vanter.

Je ne crois donc pas qu'on puisse faire échec au marché, pas plus que je ne pense avoir la science infuse à l'égard de quelque titre que ce soit. Bien sûr, je sais lire un bilan et interpréter les ratios. Mais il ne s'agit là que du squelette de la société. Une entreprise, c'est aussi la chair sur le squelette. C'est un organisme très vivant. Une véritable ruche.

En revanche, je sais quand les cours sont abordables ou non. J'ai appris à interpréter les données telles que le taux de rendement moyen et le ratio cours/bénéfice, soit le nombre de fois que le bénéfice annuel est compris dans le cours ou, si l'on veut, le nombre de fois qu'on paie le bénéfice annuel lorsqu'on achète une action. Si les marchés se négocient bien en deçà de la valeur moyenne, j'en déduis qu'ils sont bas, et vice versa. Actuellement, ils ont atteint des niveaux trop élevés si l'on se fie à la plupart des barèmes. Mais, je le répète, on achète des titres individuels, pas la Bourse dans son ensemble. Il n'en demeure pas moins que lorsque le marché est à la baisse, on retrouve un plus grand nombre d'actions à bas prix que lorsqu'il est en hausse !

J'examine également d'autres aspects. Ainsi, quand les taux d'intérêt augmentent, le cours des actions a tendance à baisser. Cela est particulièrement vrai en période inflationniste. Ce phénomène est assez étrange, car en toute logique, ce sont les actions, non pas les valeurs monétaires, qui sont censées survivre à l'inflation. Les années 1980 et 1981 ont donc été propices à l'achat d'actions. Il en a été de même au début des années 70, lorsque la flambée des prix du pétrole, rendue possible par le monopole de l'OPEP, a propulsé l'inflation. Ce genre de balises est très utile dans l'évaluation des marchés.

Il est donc impératif d'adopter une politique de placement qui permet d'obtenir une meilleure performance que la Bourse, sans impliquer autant de risque. Au cours des années, cette ligne de conduite a prouvé son efficacité lorsqu'elle a été suivie de manière rigoureuse et judicieuse.

Commençons par examiner l'indice composé S&P/TSX ou l'indice américain S&P 500. Leur composition varie peu, même si à l'occasion certains titres sont remplacés par d'autres plus performants. Les fonds indiciels, qui calquent le comportement d'indices donnés, ne font pas beaucoup d'opérations et ne paient pas de commissions. À moins de faire des transactions qui vous rapportent plus que ce que vous versez en commissions, vous auriez donc intérêt à investir dans cet outil de placement peu coûteux.

Toutefois, en agissant de la sorte, vous n'atteindriez pas votre objectif à long terme qui est d'obtenir un rendement supérieur à celui de la Bourse. Par contre, si vous faites cavalier seul, vous n'avez pas à subir les effets du nivellement que doit opérer le fonds indiciel. Par exemple, si vous possédez une action dont le ratio cours/bénéfice a toujours été de 14 ou 15 et qu'il atteint 24 à 26, comme ça a été le cas récemment, vous pouvez réduire votre position pour disposer de liquidités ou vous procurer des obligations à court terme. En passant, sachez qu'en 1972 vous pouviez acheter ce titre à moins de 10 fois les bénéfices.

Vous pouvez faire des ajustements encore plus subtils. Si vous interprétez bien le comportement des titres individuels, vous êtes en effet à même d'en acheter ou d'en vendre en profitant de leurs sous-évaluations et surévaluations.

Lorsqu'on examine les titres faisant partie d'un indice, on constate que certains représentent des secteurs qui sont manifestement à la fin de leur cycle ; leurs rendements resteront inférieurs à la moyenne. D'autres, au contraire, afficheront une performance supérieure. Traditionnellement, le cours des produits de base ou des matières premières ne réussit pas à soutenir le rythme de l'inflation, tandis que des secteurs comme les soins de santé ou les finances arrivent à le dépasser. Par ailleurs, un indice comporte son lot de sociétés mal gérées et de petites entreprises douteuses, qui ont un faible taux de rendement ou qui sont carrément contre-performantes.

En éliminant ces sociétés, il vous restera tout au plus 40 % des titres de l'indice S&P. Si un secteur suscite l'engouement, il vaut mieux l'oublier pour un certain temps ; au contraire, quand un secteur ou une entreprise solide tombe en disgrâce ou traverse une mauvaise passe, vous avez intérêt à l'ajouter à votre portefeuille. En temps normal ou en période de récession, ne retenez pas les entreprises surendettées. Laissez également tomber les sociétés au bord de la faillite. De cette manière, vous continuerez d'écarter les indésirables et réduirez considérablement vos choix.

Parmi les sociétés qui subsistent, il faut surveiller attentivement celles qui appartiennent à des secteurs sensibles aux fluctuations de l'activité économique. On a intérêt à se départir d'une action cyclique juste avant qu'elle n'atteigne son sommet, sinon on peut être obligé de la conserver encore cinq ans. Serez-vous en mesure d'identifier ce moment-clé ? Vous feriez peut-être mieux alors d'écarter tous les titres cycliques, à l'exception de ceux qui sont disponibles en temps de récession (à condition d'être certain que la compagnie survivra). Dans ce cas, vous pourriez facilement doubler votre mise en supposant que vous vendrez bien avant que le titre n'atteigne son sommet et qu'il ne se mette à dégringoler. Mais cela reste une manœuvre délicate. Pour ma part, je préfère m'en tenir à des valeurs de croissance de qualité non cycliques. Elles sont plus avantageuses à long terme et me permettent de dormir sur mes deux oreilles. Ainsi, je fais moins d'opérations et je ne cherche pas constamment à savoir si j'ai acheté trop tôt ou si j'ai raté une vente. De plus, les actions de croissance non cycliques versent des dividendes qui augmentent régulièrement, tandis que les dividendes des actions cycliques ne cessent de fluctuer.

Il y a très longtemps, après avoir visité les Pays-Bas, je suis parti pour la France dans une vieille voiture. Mon oncle m'avait recommandé d'éviter les routes secondaires touristiques et d'emprunter plutôt les autoroutes pour faire les longs trajets sans escale. De cette manière, j'arriverais plus rapidement à destination, j'aurais moins de risques d'accidents et, en cas de panne, j'obtiendrais de l'aide plus facilement. Ce conseil vaut aussi pour l'investissement. Sur l'autoroute du placement à long terme, il vaut mieux s'en tenir aux valeurs non cycliques.

En réalité, sur les milliers de titres qui existent à l'échelle mondiale, vous n'avez besoin d'en examiner qu'une cinquantaine tout au plus. Vous pouvez oublier BCE ou General Motors si vous croyez qu'il leur faudra plusieurs années avant d'atteindre une croissance de 14 % ou 16 %. Il en va de même des papetières : ce secteur est essentiellement cyclique, et il est rare que les produits de base aient un taux de rendement à long terme de 14 à 16 %. Les titres de second rang ne sont guère avantageux, dans la mesure où les sociétés qui les émettent peuvent littéralement se faire avaler par un concurrent, une transaction qui, du jour au lendemain, risque de faire disparaître votre marge de profit ou pire encore.

Je vous conseille d'éviter les sociétés qui ne versent pas chaque année des dividendes intéressants. J'ai pleinement confiance aux compagnies prospères qui versent des dividendes – de préférence des dividendes en hausse ! Comme tout organisme vivant, une entreprise est dotée d'une certaine longévité et meurt un jour. Sa raison d'être est le gain et, plus particulièrement, le gain qui revient aux actionnaires. Une compagnie pourrait très bien traverser son cycle de vie sans jamais rien rapporter à l'ensemble des actionnaires. Certains investisseurs tireraient du profit de la vente de leurs actions, mais avec le temps et le déclin de la compagnie, les autres essuieraient des pertes, qui pourraient s'avérer désastreuses advenant une faillite.

C'est la raison pour laquelle les dividendes sont importants à mes yeux. Les gestionnaires, les employés, les percepteurs d'impôt, les banques, la collectivité – tout un chacun est rémunéré, même les administrateurs. Alors, pourquoi pas les actionnaires ? Je crois même que les dividendes devraient augmenter au même rythme que la masse salariale des dirigeants, voire plus rapidement puisque ce sont les actionnaires qui prennent tous les risques financiers !

Personne ne peut prédire l'avenir. Cela dit, il est évident que les compagnies qui ont une excellente feuille de route sont plus intéressantes que celles qui ont eu des ratés. Bien entendu, le passé n'est pas garant de l'avenir. Rien n'est jamais certain à la Bourse. Vous parviendrez toutefois à vous faire une bonne idée d'une compagnie – de la façon dont elle est dirigée, de ses stratégies, de la qualité de ses produits – si vous connaissez quelqu'un de bien informé chez un de ses concurrents. Sachez par ailleurs que pour de nombreux fabricants de produits de consommation courante, ce genre d'information est pratiquement à portée de la main. Les commerçants chez qui vous faites affaire ou votre entourage ont probablement une opinion valable de la qualité de la plupart des biens de consommation. Votre médecin ou votre pharmacien est à même de vous parler de la popularité ou de l'efficacité de tel ou tel médicament. Comme je l'ai mentionné plus haut, vous avez intérêt à détenir des actions de fabricants de produits de consommation non cycliques.

La consommation du beurre d'arachide, des céréales, des boissons gazeuses ou des lames de rasoir est indépendante des fluctuations économiques. En outre, depuis la fin de la guerre froide et l'effondrement du communisme, ces produits ont envahi le monde entier. Dans ce secteur, les grands fabricants ont des coûts de production unitaires avantageux, ce qui leur permet de dégager plus de profits que leurs concurrents, profits qu'ils peuvent consacrer à l'expansion. Ils ont également de solides réseaux de mise en marché qu'ils utilisent pour promouvoir de nouveaux produits qu'ils développent eux-mêmes ou dont ils ont fait l'acquisition. Étant des chefs de file, ils ont des ratios de marge bénéficiaire qui leur permettent de croître tout en versant des dividendes, tandis que leurs concurrents doivent choisir entre la croissance et la distribution de dividendes.

Gillette, Coca-Cola, Philip Morris, Procter & Gamble, Kellogg, ConAgra, etc., voilà le genre de compagnies qui devraient retenir votre attention. Examinez les registres comptables des 10 dernières années de toute entreprise qui vous intéresse ; ils indiqueront les taux de croissance annuels des bénéfices et des dividendes. Si ces gains ont doublé à chaque tranche de cinq ou sept ans, vous pouvez envisager d'acquérir le titre. De plus, si le cours de l'action a augmenté à quatre reprises en 10 ans, sans que le ratio cours/bénéfice n'ait vraiment bougé, il s'agit d'un titre que vous auriez dû acheter il y a 10 ans !

Il existe plusieurs façons de vérifier ce que les analystes chevronnés pensent des entreprises dans lesquelles vous songez investir. Vous n'avez qu'à surveiller les journaux, souvent leurs diagnostics y sont publiés. Vous pouvez également consulter ceux qui travaillent pour des firmes de gestion financière et leur présenter vos critères de sélection afin qu'ils vous suggèrent des titres. Internet peut s'avérer une excellente source d'information et d'idées. Utilisez des services de recherche comme Bloomberg pour trouver des entreprises qui affichent un taux de croissance stable d'au moins 14 %.

Si vous décidez d'acheter des titres étrangers, tenez-vous-en à ceux inscrits à la Bourse de New York. Vous serez ainsi assuré de la validité des conditions d'introduction en Bourse et des exigences comptables des entreprises. En cette matière, de nombreux pays ont des règlements qui ne protègent guère les actionnaires. Il est vrai que la plupart des grandes compagnies européennes, sud-américaines et asiatiques qui attireront votre attention détiennent de soi-disant certificats américains d'actions étrangères. Il n'en demeure pas moins que vous auriez intérêt à vous limiter aux entreprises américaines.

Le secteur des soins de santé, y compris les grands fabricants de fournitures pour hôpitaux, peut s'avérer très fertile en occasions de placement. Les Laboratoires Abbott, Johnson & Johnson, Novartis et Hoffmann-La Roche (deux compagnies suisses), Cardinal Health, Pfizer, Amgen, etc., sont tous de grands établissements qui détiennent de solides brevets et sont dotés d'extraordinaires installations de recherche. À mon sens, c'est une industrie très rentable, et je lui ai toujours consacré une place de choix dans mes portefeuilles.

Le commerce de détail et le marché de la distribution sont des secteurs intéressants mais complexes. Les grandes chaînes de pharmacies, par exemple, enregistrent des performances impressionnantes. En général, toutefois, les sociétés de vente au détail ont une durée de vie déterminée qu'il est difficile de prolonger. À cet égard, les grands magasins d'alimentation offrent de meilleures perspectives que les magasins à rayons ou les magasins de vêtements spécialisés. Néanmoins, si vous avez la chance d'acheter assez tôt des actions d'une entreprise de détail basée sur un bon concept, comme Wal-Mart ou Home Depot, vous pourrez bénéficier d'une croissance de 15 % pendant plusieurs années.

Il est peut-être difficile d'obtenir un taux de rendement constant de 15 % dans le secteur bancaire ou dans le domaine des assurances, mais ce n'est pas impossible, surtout ces temps-ci. Ce secteur est en pleine évolution, et compte tenu des changements apportés aux lois sur la concurrence, la frontière entre souscripteurs, courtiers, assureurs et banquiers est de plus en plus floue, ce qui suscite des occasions de développement. Aussi, retrouve-t-on de nombreux titres qui affichent de solides rendements de 12 à 13 %. Bien entendu, je vous recommande de surveiller les hausses des taux d'intérêt, car elles ont tendance à freiner l'ascension du prix des actions. Recherchez les titres de sociétés qui, bon an mal an, affichent un bon rendement de l'avoir des actionnaires et des revenus en progression, car ils indiquent une solide croissance tant à la base (bénéfice net) qu'au sommet (revenu brut). Encore une fois, optez pour les leaders. Lorsqu'elles sont bien gérées, les grandes entreprises ont des coûts de production unitaires moins élevés. C'est d'ailleurs ce qui explique la forte tendance aux fusions de ces dernières années.

Je vous conseille d'opter pour une diversification sectorielle modérée. Rien ne justifie d'investir moins de 20 % de vos avoirs dans un secteur important. Vous vous retrouverez donc avec un portefeuille composé de titres représentant quatre ou cinq catégories, plus certains domaines spécialisés comme le divertissement, les communications et le matériel électrique.

Évitez les secteurs qui ne correspondent pas au profil décrit ci-dessus. Ainsi, nombreuses sont les entreprises de haute technologie qui obtiendront une excellente performance pendant plusieurs années pour ensuite s'effondrer. Wang Labs, Unisys et Digital, pour ne nommer que celles-là, ont reproduit ce scénario. La clé dans ce domaine ne semble pas être tant la qualité des produits fabriqués que l'accès aux plus brillantes recrues des universités et des écoles de génie. C'est là que réside le succès de Microsoft et de Cisco, comme ça a été le cas, pendant un moment, de Nortel, d'Intel ou d'Ericsson. Vous pouvez vous laisser tenter par les meilleures sociétés, mais là encore, demeurez sur l'autoroute, n'empruntez pas les routes secondaires, aussi séduisantes soient-elles.

Pour faire de bons placements, vous devez donc choisir et conserver pendant plusieurs années les actions des chefs de file dans leur domaine. Bien entendu, je ne vous encourage pas à vous endormir sur vos lauriers. Vous avez intérêt à suivre les choses de près. Mais surtout, ne cédez pas à la panique si les bénéfices d'une de vos entreprises baissent pendant un an ou deux. C'est normal. À moins de gérer ses bénéfices (euphémisme pour « manipuler un peu ses bénéfices »), toute compagnie traverse de bonnes et de mauvaises périodes.

Même les meilleures doivent se réinventer. Si une entreprise réalise de 40 à 50 % de son chiffre d'affaires grâce à un seul produit, il se peut qu'elle connaisse une période d'accalmie trois ou quatre ans après l'avoir mis en marché. Dans l'industrie pharmaceutique, par exemple, il arrive qu'à l'expiration du brevet d'un médicament mis au point par une société donnée, un autre fabricant en profite pour lancer un médicament générique. Si la première société n'a alors rien de mieux à proposer, elle pourrait subir un ralentissement. Mais si elle est gérée avec brio et qu'elle continue de financer des activités de recherche de grande qualité, il n'y a pas lieu de s'inquiéter. J'ai déjà augmenté ma position en titres de Pfizer durant une de ces périodes creuses, et j'ai vu sa valeur quadrupler au cours des quatre années qui ont suivi.

Cette approche de placement est relativement ennuyeuse, car elle réserve moins de surprises et laisse moins de place aux mouvements quotidiens. Mais elle fonctionne, surtout si on consulte les analyses d'experts. Ne dérogez pas à votre discipline et restez sur l'autoroute – ne vous laissez pas distraire par ce qu'il y a autour. Il s'agit d'accumuler de l'argent à long terme, pas de vivre des émotions fortes.

Chapitre 8

La légende
des trois actions

Il suffit de connaître le b.a.-ba du placement pour prendre un bon départ dans le marché boursier. Bien entendu, il vous arrivera de vous tromper. La perfection n'est pas de ce monde. Sinon, je ne dirigerais pas une société de conseillers en placements ; je serais plutôt en train de me prélasser sur une plage, en prenant de temps à autre une décision qui me rapporterait un milliard de dollars. L'essentiel n'est pas tant d'éviter de faire des erreurs que de les reconnaître et d'en faire de moins en moins avec le temps – surtout les bourdes. Ne dérogez pas à vos principes de placement !

Même Warren Buffett, investisseur de renommée mondiale, n'a jamais hésité à reconnaître ses erreurs. Il est passé maître dans l'art de capitaliser les intérêts en achetant à long terme les meilleurs titres de croissance non cycliques dans le secteur des produits de consommation. Il a toujours surveillé les méthodes des dirigeants des entreprises dans lesquelles il a investi et a fait le nécessaire si ceux-ci ne se montraient pas à la hauteur. Il a acquis le titre de Coca-Cola et de Gillette et, jusqu'à il y a quelques années, il a vu leur valeur doubler à chaque tranche de cinq ans. Il a vendu des valeurs qui ne tenaient plus leurs promesses, telle l'action d'USAir, mais seulement lorsqu'il était certain qu'elles étaient irrécupérables.

Vous avez avantage à diversifier votre portefeuille, mais à condition de choisir les meilleurs placements. Naturellement, si vous êtes en mesure d'acheter des actions lorsqu'elles piquent du nez momentanément, vous profiterez davantage de la croissance capitalisée (et vice versa). Jusqu'en 2003, il existait peu de titres bon marché ; toutefois, si les valeurs continuent d'augmenter à un rythme de 20 % par année, vous pouvez vous permettre de les payer un peu plus cher, tout en prévoyant en racheter advenant une baisse du cours.

Supposons que vous avez 200 000 $ à investir. Pour vous constituer un portefeuille diversifié, vous devez détenir une vingtaine de titres distincts, où vous investirez environ 10 000 $. En toute logique, vous ne devriez vendre ni les gagnants ni les perdants. Si après mûre réflexion, vous êtes convaincu d'avoir fait fausse route, corrigez immédiatement le tir. Autrement, laissez agir le temps et la croissance capitalisée, et ne craignez pas les baisses passagères.

Le choix du placement est déterminant. Il y a une cinquantaine d'années, j'ai investi respectivement 2 000 $ dans trois sociétés très différentes : Reynolds Metals, un fabricant d'aluminium, métal en plein essor à l'époque, United Airlines (UAL) et les Laboratoires Abbott. J'ai conservé les actions de Reynolds jusqu'en 2000, année où elle a fusionné avec sa rivale, Alcoa. Elles valaient alors 15 000 $. Inutile de vous dire que c'était un piètre placement : il y a 50 ans, une bouteille de Coke ou une tasse de café ne coûtait que 5 ¢, tandis qu'aujourd'hui, leur prix dépasse certainement 40 ¢. J'aurais probablement gagné plus d'argent si j'avais spéculé. Mais j'aurais payé de l'impôt sur le gain en capital chaque fois que j'aurais vendu avec profit ; tout compte fait, je n'aurais probablement pas obtenu plus. Malgré les perspectives fantastiques de l'aluminium en 1948, Reynolds Metals n'était donc pas un bon placement.

En achetant le titre de la United Airlines (UAL), j'avais aussi l'impression de faire un bon coup. L'aviation commerciale n'en était qu'à ses premiers balbutiements. Le moteur à réaction venait d'être inventé, et bientôt le monde entier allait prendre l'avion. Le secteur n'a pas tardé à croître à pas de géant, et United Airlines est devenue la plus importante compagnie aérienne. Malgré tout, j'ai dû admettre pendant assez longtemps que j'avais fait un mauvais placement.

Victimes d'une expansion excessive, les transporteurs aériens ont dû pratiquer des tarifs concurrentiels pour remplir leurs appareils afin de rembourser leurs énormes dettes avec, pour résultat, des profits insignifiants. De nombreuses compagnies ont été acculées à la faillite. Pendant plusieurs années, UAL a accusé des pertes et n'a versé aucun dividende. Puis soudain, il y a environ 15 ans, les transporteurs aériens sont devenus la coqueluche des investisseurs. Au cours d'une offre publique d'achat, le titre de UAL, que j'avais acheté 12 $ près de 35 ans auparavant, a atteint 284 $. La transaction, qui devait se conclure autour de 300 $, n'a cependant jamais abouti. J'ai vendu mes actions à 282 $, à la suite de quoi le cours s'est effondré à 80 $. Je n'ai pas gagné autant d'argent qu'il n'y paraît. J'ai dû payer beaucoup d'impôt sur mon gain en capital, et n'oubliez pas qu'un Coke ou un café coûtait 5 ¢ en 1948.

Au moment où j'en ai fait l'acquisition, le titre des Laboratoires Abbott paraissait le moins prometteur des trois. À l'exception d'un brusque plongeon à cause de la contamination de produits intraveineux, le cours n'a pas subi de fluctuations spectaculaires. Il a plutôt connu une croissance capitalisée régulière de 10 à 16 % par année. Les dividendes, pour leur part, ont augmenté presque chaque année. Les 2 000 $ que j'ai investis valent maintenant autour de un million de dollars, sans compter les dividendes. Contrairement à ce qui s'est produit avec UAL ou Reynolds, je n'avais aucune raison de vendre mes actions d'Abbott, j'étais plutôt porté à augmenter ma position. Le fisc devra attendre un peu plus longtemps avant d'en profiter, sauf pour ce qui est des dividendes.

D'après vous, quel titre m'a le moins stressé et m'a fait courir le moins grand risque ? Celui des Laboratoires Abbott, bien sûr. Cette histoire démontre qu'il n'est pas nécessaire de prendre d'énormes risques pour réaliser de gros profits. Pendant toutes ces années, le titre des Laboratoires Abbott a été le moins volatil des trois et a bénéficié beaucoup plus efficacement de la croissance capitalisée.

Il se peut qu'on réussisse à faire fructifier son argent sans tenir compte des lois de la croissance capitalisée. Mais dans ce cas, soit on paie ses gains très cher, soit on a simplement de la chance. La chance existe bel et bien. Pourtant, la plupart des gens ne savent pas la reconnaître quand ils l'ont sous les yeux ! Dans le cas des Laboratoires Abbott, il s'agissait non pas d'avoir de la chance mais bien d'être patient et de surveiller certaines données fondamentales. À plusieurs reprises, UAL et Reynolds Metals ont enregistré un taux de croissance annuel plus élevé qu'Abbott (non pas qu'elle faisait la course aux lièvres !). Mais contrairement aux deux autres titres, Abbott était une valeur non cyclique, en hausse constante. Son taux de croissance capitalisée pouvait être suivi de près et faisait doubler le montant investi à tous les cinq à sept ans. Si sa moyenne avait été encore plus forte, le secteur aurait probablement attiré plus d'entreprises rivales.

Abbott était bien gérée, devançait la concurrence, lançait régulièrement de nouveaux produits, disposait d'une bonne équipe de recherche et pouvait compter sur un excellent service des ventes. C'était le genre de titre qui générait une croissance capitalisée maximale et prévisible. Si vous commencez à investir à 20 ans, vous n'avez besoin que de quelques titres de la sorte pour vous assurer une retraite confortable ! Vous êtes autorisé à faire beaucoup d'erreurs, mais si vous devez suivre un de mes conseils, que ce soit celui-ci : éloignez-vous des Reynolds Metals et des UAL et recherchez les actions comme Abbott ! Dans les années 60, le titre d'Abbott faisait partie des *Nifty Fifty*[5], les actions d'une seule décision. Il est alors devenu beaucoup trop cher par rapport à son bénéfice d'exploitation.

---

[5]   NDT : Littéralement, les *cinquante favorites*. Titres d'une cinquantaine de grandes sociétés qui dans les années 60 ont connu une très forte croissance.

Néanmoins, même ceux qui ont acheté le titre d'Abbott à cette époque ont enregistré une excellente performance 25 à 30 ans plus tard. Le rendement de mon placement aurait-il été aussi intéressant si j'avais déboursé le double ou le triple du prix que j'ai payé en 1948? Pour répondre à cette question, je vous raconterai une autre histoire. Lorsque Jésus est né, son père lui a fait cadeau de 100 $ en l'assurant, sur la base de son omniscience et de son omnipotence, que cette somme doublerait à chaque tranche de cinq ans. Eh bien, sachez que la valeur du placement effectué par Jésus a augmenté plus rapidement au cours des cinq dernières années, soit entre 1999 et 2004, qu'elle ne l'a fait pendant les 1999 premières années. Pour faire un placement rentable, il faut profiter du taux de croissance capitalisée le plus haut possible, tout en courant le moins de risque possible. De cette façon, le potentiel de gain est décuplé.

L'impôt joue un rôle non négligeable. Au Canada, le taux d'imposition du gain en capital est la moitié du taux d'imposition du revenu. Mais il ne tient pas compte du taux d'inflation. Supposons qu'il y a 20 ans, vous avez payé 20 $ pour une action qui se vend aujourd'hui 4 fois plus cher, soit 80 $, et qu'entre-temps le coût de la vie a lui aussi quadruplé. Si vous vendez votre action aujourd'hui, vous ne vous enrichirez aucunement. En réalité, vous accuserez une perte, car vous devrez remettre au fisc québécois 25 % de votre soi-disant profit de 60 $, à savoir 15 $, ce qui réduira d'autant votre pouvoir d'achat actuel. Dans cet exemple, l'impôt sur le gain en capital dépasse de loin le gain. Par conséquent, vous avez intérêt à choisir des actions qui vous procureront le meilleur rendement possible *après* inflation et impôt.

Optez pour des titres qui ne dépendent pas des cycles économiques. De cette manière, vous n'aurez pas à les vendre, ils continueront de fructifier, et le gouvernement n'en profitera que plus tard. Cette consigne n'est pas impérative dans le cas des placements effectués à l'intérieur des régimes enregistrés d'épargne-retraite (REER) ou autres régimes de pension qui bénéficient d'un report d'impôt. Mais comme les titres cycliques sont plus risqués, assurez-vous de les vendre avant d'atteindre un sommet, car vous pourriez devoir attendre tout un autre cycle de quatre ans avant de pouvoir à nouveau vous en débarrasser. Il n'y a aucun avantage à assumer plus de risque pour obtenir un rendement moindre. Pour ma part, je n'investis qu'exceptionnellement dans les actions cycliques, et uniquement à condition de pouvoir les acheter à très bon prix, au bas d'un cycle. Sinon, je suis obligé de m'en départir trop rapidement et de payer de l'impôt. Quant à les vendre trop tard, il n'en est pas question !

Si vous détenez des actions non cycliques de premier ordre dont le taux de croissance capitalisée est élevé, vous n'avez pas à les vendre lorsque leur cours est en hausse. Vous pouvez en liquider une partie si elles augmentent vraiment beaucoup. Mais dans ce cas, n'oubliez pas de tenir compte de l'impôt à payer et assurez-vous que vos gains sont réels, qu'il ne s'agit pas d'un mirage inflationniste.

Dans ce genre de situation, je préfère assumer quelques tendances à la baisse, en attendant le prochain marché haussier qui me fera atteindre de nouveaux sommets. N'oubliez pas qu'une augmentation de 15 à 20 % des bénéfices est surévaluée et sera compensée en un an. Si vous vendez des actions pendant cette hausse provisoire, sachez que vous perdrez de l'argent à tout jamais : vous devrez verser une partie de vos profits au fisc et vous verrez disparaître jusqu'à 25 % des dividendes que vous pourriez toucher si vous ne vendez pas. Même lorsque vos coûts de placement sont insignifiants, comme dans mon exemple des Laboratoires Abbott, il peut vous rester aussi peu que 60 $ sur une centaine de dollars de soi-disant profit ; autrement dit, l'action devra perdre 40 % de sa valeur avant que vous puissiez racheter la même quantité. Il est beaucoup plus simple de conserver ses actions dans un compte non enregistré.

Chapitre 9

Tu ne spéculeras point

Comme je l'ai mentionné dans un chapitre précédent, ce sont des titres individuels qu'on achète et non l'ensemble du marché boursier. Et si je vous encourage à mettre l'accent sur la qualité, vous ne devez pas négliger l'aspect quantitatif pour autant

Voici ce que j'entends par là. Prenons un titre de qualité comme Coca-Cola, par exemple. Standard & Poor's lui accorde sa plus haute évaluation, soit A+. En supposant que le bénéfice par action de Coca-Cola est de 1 $, vous conviendrez avec moi qu'il est préférable de payer l'action 15 $ plutôt que 45 $. On peut ainsi en acheter trois fois plus pour le même prix. Par conséquent, même si votre horizon de placement est lointain (disons 25 ans), vous avez intérêt à acheter des actions ou à augmenter votre position lorsque le cours a descendu à un niveau avantageux pour vous.

Suivant cette logique, vous auriez donc intérêt à vendre vos actions de Coca-Cola dans l'espoir de voir leur cours baisser un jour. Cette stratégie n'est cependant réaliste que si vous l'appliquez à l'intérieur d'un régime non imposable, en y allant modérément, sans réduire votre position à néant. Oubliez la maxime voulant qu'on ne se trompe jamais en faisant du profit. Au cours d'une période de quelque 40 ans, tous ceux qui ont vendu leur titre de Coca-Cola et n'ont pas pu le racheter à meilleur marché l'ont regretté (en fait, ils ont regretté de l'avoir vendu).

Je cherche toujours à acheter le plus grand nombre d'actions possible au prix le plus avantageux possible, de manière à maximiser mon potentiel de croissance capitalisée. S'il est profitable d'acheter une action lorsqu'elle est sous-évaluée, il en va tout autrement lorsqu'elle est surévaluée, surtout si au bout d'un certain temps elle revient à son cours moyen ou à un prix en deçà de la moyenne.

Voilà un des nombreux principes de placement qui ont prouvé leur efficacité à moyen ou à long terme lorsqu'ils ont été appliqués à la lettre. Je suis peu enclin à courir des risques, et lorsque j'acquiers des titres, j'accorde la priorité à la qualité. Il existe d'autres tactiques qui permettent d'obtenir des résultats plus incertains. J'en ai testé plusieurs qui ne m'ont guère rassuré, et je ne compliquerai pas inutilement les choses en vous les présentant.

À l'exception d'une seule fois au début de ma carrière, je n'ai jamais fait de vente à découvert ; autrement dit, je n'ai jamais vendu d'actions que je ne possédais pas, en comptant les acheter à un prix inférieur avant de les livrer. Je ne me suis jamais amusé à acquérir des actions en hausse dans l'espoir de m'en débarrasser avant qu'elles ne piquent du nez. Je n'ai jamais acheté d'actions de sociétés qui fabriquaient des produits que je ne comprenais pas, d'entreprises dont je n'aurais pu évaluer la compétitivité après un an ou deux, ou de compagnies dont j'ignorais si elles étaient assez solides pour survivre à une innovation majeure dans leur secteur. Par conséquent, les sociétés évoluant dans le secteur des technologies de pointe – à l'exception des chefs de file gérées par des dirigeants compétents – m'ont toujours paru trop risquées.

La qualité des gestionnaires joue un rôle majeur dans la sélection des titres – j'en traiterai plus en profondeur dans un chapitre ultérieur. De grandes entreprises ont périclité à cause de l'incompétence de leurs dirigeants (General

Motors, AT&T, U.S. Steel, etc.). Mais une foule d'autres raisons peuvent expliquer le déclin d'une entreprise. Il se peut qu'elle se soit endormie sur ses lauriers, qu'elle ait fait des acquisitions stupides ou connu une expansion débridée, qu'elle n'ait pas tenu compte de sa culture ou encore qu'elle n'ait pas attiré les bons éléments. Procter & Gamble a toujours été très solide même si elle a perdu nombre de talentueux employés au profit de ses concurrents. Grâce à sa politique d'embauche des meilleurs diplômés, elle a toujours disposé d'un surplus de personnel compétent. Plusieurs jeunes cadres y ont acquis une expérience inestimable avant de poursuivre de brillantes carrières ailleurs dans l'industrie.

Comment s'y prend-on pour mesurer la compétence des dirigeants d'une entreprise ? En demandant à ses concurrents ce qu'ils en pensent. Si vous n'avez pas accès à cette source de renseignements vous-même, consultez les analystes financiers. Ceux qui visitent les entreprises dans lesquelles ils envisagent d'investir ont l'occasion de poser des questions qui suscitent des réponses révélatrices : Qui est votre concurrent le plus redoutable ? Quelle société admirez-vous ? Un jour, j'ai demandé à un vénérable membre du conseil d'administration d'une banque suisse ce qu'il estimait être l'aspect le plus important à surveiller au sein d'une société. « La compétence des dirigeants actuels et à venir », m'a-t-il répondu. Il était on ne peut plus clair.

Les administrateurs qui ont affaire à des dirigeants compétents et scrupuleux ont la tâche facile : ils obtiennent de l'information pertinente et ils sont perçus comme des mentors, non comme des policiers. De leur côté, les dirigeants ne craignent pas les questions et commentaires du conseil d'administration, ils y voient simplement des interventions constructives. De tels dirigeants ne se contentent pas de réunir connaissance, intelligence et efficacité ; ils possèdent aussi un savoir-être qui leur permet de favoriser la culture, le dynamisme et l'enthousiasme nécessaires pour aller de l'avant. Ces qualités – plutôt rares, j'en conviens – font toute la différence. Il vaut mieux se tenir loin des sociétés qui en sont dépourvues !

L'intelligence, la raison et le souci du détail ne sont pas l'apanage de tous les cadres supérieurs. Après tout, ce sont des êtres humains comme les autres. Certains ont des complexes, d'autres s'enflent la tête. Certains manquent de confiance, sont hésitants et incapables de renvoyer du personnel, mais se débattront pour conserver leur emploi. D'autres n'apprécient pas tant de diriger une entreprise que de profiter des privilèges du poste : voyages en avion, yachts, maisons, adhésion à des clubs de golf et j'en passe. Voilà des choses qui peuvent nuire aux activités professionnelles.

En résumé, les entreprises bien gérées ont beaucoup plus de chances d'être prospères. Évitez donc d'investir dans une société mal dirigée, même si elle présente d'autres facettes intéressantes – à moins, bien entendu, d'avoir les moyens d'acheter la compagnie en question et de pouvoir y installer de bons gestionnaires qui seront de service jour et nuit. Un de mes amis s'est retrouvé à la tête d'une mégafortune de 4 milliards de dollars en se spécialisant dans ce genre d'acquisitions. Une fois qu'il possède une entreprise mal gérée, il se débarrasse de tous ceux qui ne font pas l'affaire. Dénicher les bonnes personnes et les aider à performer, voilà ce qu'il vise avant tout.

Il est primordial de connaître les gens aux commandes des compagnies dans lesquelles on veut investir. Il existe plusieurs sortes de dirigeants : les bons et les moins bons, les bâtisseurs, les voleurs, les extrêmement prudents, les très téméraires. Ceux des petites entreprises forment une catégorie en soi. Ils peuvent s'octroyer des salaires qui grugent une part trop importante des revenus ou du bénéfice brut. Or, le cas échéant, leurs comportements scandaleux font rarement la manchette. Ce sont davantage les grandes sociétés qui se retrouvent sous les projecteurs et, jusqu'à récemment, elles étaient relativement fiables, car la plupart du temps, les salaires et autres formes de rémunération de leurs cadres ne dépassaient pas certaines limites.

Outre les membres de la haute direction, il faut surveiller les actionnaires majoritaires, particulièrement ceux qui ont la possibilité d'être récompensés par la société, de même que les administrateurs. Un CA qui réunit la clique du grand patron ou des béni-oui-oui ne protège guère les actionnaires minoritaires. En un mot, assurez-vous de l'intégrité et de la compétence des gens qui se trouvent au sommet des sociétés dans lesquelles vous investissez. Ce principe doit orienter votre choix d'actions.

Il m'arrive de miser avec modération sur des sociétés à faible capitalisation qui appartiennent surtout à des secteurs non cycliques. Elles réunissent un certain nombre d'autres conditions : elles mènent des activités que je comprends, elles sont suffisamment stables pour attirer et retenir de bons éléments, elles se conforment aux principes comptables généralement reconnus et elles ont mis en place des dirigeants disciplinés et compétents, qui ont un sens moral hors de tout doute et qui ont les pieds sur terre. J'ai un faible pour les sociétés qui font les choses à la perfection, indépendamment des belles promesses des banques d'investissement. Une petite compagnie n'aura pas de difficulté à distancer la concurrence si ses dirigeants et son personnel travaillent d'arrache-pied, font preuve d'intelligence et d'intégrité, et sont axés sur la clientèle. En réalité, un investisseur avisé achètera des actions de petites entreprises dans l'espoir de les voir croître à un rythme tel qu'elles finiront par cadrer avec le profil des grandes sociétés qui compose le reste de son portefeuille.

Quelques-uns de mes confrères se spécialisent dans les actions à petite capitalisation, en s'efforçant de repérer les sociétés bien gérées. Certains titres individuels offrent un excellent rendement à long terme, mais généralement ce genre de portefeuille enregistre d'énormes fluctuations annuelles même avec une forte diversification (40 à 50 titres). Pour réussir dans ce domaine, il faut être extrêmement vigilant, connaître parfaitement les gens qui dirigent et contrôlent les compagnies, et détenir un pourcentage restreint des actions de chaque société pour limiter les dégâts si les choses tournent mal.

Les sociétés à petite capitalisation ne suscitent pas beaucoup d'activité boursière, parfois même aucune. Mais il n'en faut pas beaucoup pour faire varier leurs cours de façon considérable. C'est un style de gestion de portefeuille que je comprends, mais qui a ses limites et qui ne m'intéresse pas dans la mesure où il ne me permet pas de faire l'acquisition de gros volumes de titres. Jarislowsky Fraser l'a essayé à quelques reprises, sans obtenir des résultats spectaculaires. Notre participation financière a parfois atteint jusqu'à 10 % des sommes gérées.

Une société bien servie par des cadres compétents n'a jamais intérêt à s'endormir sur ses lauriers ; elle doit préparer la relève. De préférence, les éventuels successeurs à la direction seront sélectionnés au sein même de l'entreprise, car les candidats recrutés à l'extérieur ont généralement de la difficulté à s'intégrer (sauf si le personnel est démoralisé, comme ça a été le cas à IBM il y a quelques années). Cette recommandation ne vaut cependant que pour les sociétés qui mettent de l'avant une stratégie d'embauche des meilleures recrues et qui fournissent à leurs employés un environnement intéressant, stimulant et propice à leur croissance.

Le monde d'aujourd'hui favorise de plus en plus les jeunes, et pour cause : les gens de 17 à 40 ans sont à une période de la vie où l'on se cherche et où l'on tente de mesurer ses forces et ses faiblesse, états qui favorisent la créativité et l'innovation. Une entreprise a tout avantage à disposer d'une équipe de direction jeune et compétente, surtout si elle évolue dans le secteur des nouveaux services et des technologies de pointe, qui connaît une croissance extraordinaire à l'heure actuelle.

En plus de l'équipe de direction, il est judicieux de surveiller le niveau d'endettement de la société dans laquelle vous prévoyez investir. D'illustres compagnies ont été complètement anéanties par une ambition insatiable qui les a poussées à se développer trop rapidement ou à faire des acquisitions ruineuses. Les banques d'investissement ne sont pas complètement innocentes dans ces scénarios, car elles encouragent tour à tour les fusions et les séparations, en touchant d'importants honoraires à chaque opération. Or, la plupart des acquisitions finissent mal ; soit les entreprises en cause n'arrivent pas à concilier des cultures trop différentes, soit le vendeur se désintéresse de la nouvelle entité une fois qu'il a empoché le produit de la transaction. La vanité et la rivalité, qui incitent souvent à la dépense, font grossir les rangs des entreprises mortellement endettées. *Péché d'orgueil ne va pas sans danger,* dit le dicton. Ne sous-estimez jamais l'arrogance de certains dirigeants.

N'oubliez pas que vous recherchez des placements à faible risque, qui vous procureront une forte croissance capitalisée. N'essayez pas de faire sauter la banque ; vous n'êtes pas au casino. Prenez le moins de risque possible, sans oublier que la chance joue toujours un peu.

Chapitre 10

On n'est jamais si bien servi que par soi-même

Ce qui est bien avec la méthode de placement axée sur les titres de premier ordre non cycliques, c'est qu'elle offre un bon rendement, tout en étant fiable, universelle, peu compliquée, peu risquée, peu surprenante et peu gourmande en commissions. Elle a également l'avantage d'être libre-service. Elle permet d'investir soi-même sans devoir constamment faire appel aux coûteux services d'analyse des firmes de gestion financière. Je vous la recommande si vous désirez vous bâtir un portefeuille de valeurs sûres et peu complexes, mais que vous n'avez pas les fonds nécessaires pour faire affaire avec une société de conseillers en placements.

Ne compliquez pas les choses en multipliant les variables dont vous aurez à tenir compte. Dans cette optique, évitez de faire de nombreuses opérations ; laissez tomber les stratégies à court terme ; n'essayez pas de deviner la durée des cycles ; oubliez les méthodes qui nécessitent beaucoup de connaissances ou qui vous forceront à faire de nombreuses recherches. N'écoutez surtout pas le chant des sirènes. Elles se présentent sous la forme d'intermédiaires qui n'en veulent qu'à votre argent. Ne vous laissez pas acheter ; soyez l'acheteur. Le plan que je vous suggère est simple et efficace, et il vous permettra de diriger votre propre barque en toute confiance.

Lorsque votre fortune grossira, vous aurez les moyens de recourir aux services de spécialistes. Peut-être jugerez-vous alors cette dépense superflue, car passé un certain stade, vous aurez acquis les habiletés d'un quasi-professionnel du placement et serez en mesure de vous débrouiller sans aide. Or, une firme de conseillers a l'avantage de disposer d'une équipe de recherche qui surveillera et repérera les titres correspondant à vos critères de sélection. Un courtier en valeurs d'expérience pourra également vous assister ; mais pour être réellement efficace, il devra être riche, avoir bâti sa fortune personnelle en suivant des principes de placement semblables à ceux décrits dans ces lignes et jouir des services de toute une équipe de recherche. Enfin, vous pourrez profiter d'échanges avec d'autres investisseurs de votre trempe. Écoutez les conseils et utilisez les résultats de recherche, mais quoi qu'il en soit, demeurez un acheteur. Ne soyez pas vendu d'avance !

Ne vous noyez pas dans une surabondance de détails. Les choses évoluent, et une information pertinente à l'heure actuelle sera peut-être complètement dépassée dans un an. Renseignez-vous le mieux possible, mais ne laissez pas les arbres vous cacher la forêt. N'oubliez pas : vous cherchez à acquérir des titres que vous conserverez pendant plusieurs années. Une nouvelle peut déchaîner les passions pendant quelques semaines ou quelques mois, mais il y a peu de chance que ses retombées se fassent ressentir trois à cinq ans plus tard. Je vous rappelle les principaux critères de sélection des titres : 1) un secteur non cyclique, en croissance rapide ; 2) la ou les meilleures sociétés à l'intérieur de ce secteur ; et 3) une excellente équipe de direction et une relève prometteuse.

Dans un chapitre précédent, j'ai mentionné que, en théorie, un placement de 10 000 $ pouvait rapporter 2,5 millions de dollars en 40 ans. D'abord, entre théorie et pratique, il y a une marge où tout peut arriver. Ensuite, je n'insinuais pas qu'il faut cesser d'investir une fois ce montant placé. Au contraire, je vous encourage à mettre une certaine somme d'argent de côté chaque année. Conservez-la dans des effets à court terme en attendant que le cours de vos titres préférés plonge, ce qui se produira tôt ou tard.

Par exemple, il est possible que le cours de Philip Morris s'effondre à cause de l'inquiétude ambiante soulevée par les poursuites dont l'industrie du tabac fait l'objet. Mais cette baisse sera sans doute temporaire et n'aura guère de répercussions sur les résultats nets de la société. En effet, la demande pour les produits du tabac est inélastique : s'ils ont envie de fumer, les fumeurs achèteront des cigarettes à n'importe quel prix. Il y a donc fort à parier que le fabricant de tabac compensera ses frais juridiques en haussant le prix au détail de ses produits.

Autre exemple : le gouvernement américain menace de réglementer le prix des médicaments, ce qui provoquera une soi-disant débâcle au sein de l'industrie pharmaceutique et entraînera peut-être la chute du cours de Pfizer. Or, cette compagnie vend des produits dans le monde entier, pas seulement aux États-Unis. Les investisseurs les plus perspicaces profitent de ces crises passagères pour faire le plein de titres de qualité. Faites comme eux et sautez sur l'occasion en achetant des actions de Pfizer ou de tout autre leader du secteur des soins de santé !

Il est beaucoup plus facile d'acheter des actions que de les vendre. Premièrement, il est assez simple de repérer et d'acquérir un bon titre. Deuxièmement, comme nous l'avons vu dans les chapitres précédents, l'impôt sur le gain en capital décourage la vente. L'inflation fait de cet impôt l'une des obligations fiscales les plus lourdes au Canada, ce qui n'est pas peu dire dans un pays comme le nôtre. Néanmoins, il devient nécessaire de vendre dans deux cas : 1) le cours est rendu beaucoup trop élevé ; et 2) le titre ne correspond plus aux critères de placement pour différentes raisons : la société est trop endettée ou très mal gérée, elle a perdu sa position sur le marché ou encore son taux de croissance capitalisée se trouve en deçà du minimum acceptable et n'y reviendra plus.

Pour savoir si vous devez conserver un titre, demandez-vous si vous l'achèteriez aujourd'hui. Bien entendu, cette question n'est pas pertinente quand l'action est à son plus haut, car il est certain que vous préférez l'acheter à prix plus avantageux. Ce que vous devez remettre en cause, c'est la qualité intrinsèque du titre. Respecte-t-il toujours vos critères de placement, votre stratégie? Dans la négative, analysez ses perspectives d'avenir et vos solutions de rechange. Ne prenez pas de décision hâtive; la patience est une qualité essentielle de l'investisseur avisé. Il ne s'agit pas simplement de «faire mieux», comme dirait mon courtier favori.

Le cas échéant, vendez vos titres de second ordre, vos actions cycliques et vos placements spéculatifs. Quitte à le regretter amèrement, débarrassez-vous de ces bêtes nuisibles. Assurez-vous toutefois de respecter scrupuleusement votre stratégie de rétention pour le reste de vos avoirs.

Profitez des marchés haussiers pour vous délester de vos titres non performants et effacer vos erreurs de placement. Conservez vos liquidités en attendant que les choses se calment. Ceux qui ont adopté cette stratégie dans le passé ont pu acquérir des actions pour une fraction de leur prix moyen et ont obtenu des rendements remarquables quelques années plus tard. Dressez la liste des actions de premier ordre qui vous intéressent en vue du prochain essoufflement de la Bourse.

Jusqu'à la fin de 2003, les marchés n'avaient pas suffisamment baissé. Puis, en 2004, en raison du fléchissement du dollar américain, les titres en devises canadiennes sont devenus plus intéressants; de plus, leur profit à l'extérieur des États-Unis traduit en dollars américains augmentait sensiblement. Néanmoins, les taux d'intérêt ne semblant pas vouloir augmenter de façon marquée à court terme, il est préférable de conserver ses actions à fort rendement (qui versent des dividendes). Par ailleurs, les titres non cycliques de première qualité, tels que les chaînes de pharmacies et les fournisseurs d'équipement médical, continueront d'offrir de bons résultats. Les producteurs de biens de consommation courante (boissons gazeuses, bière, alcool, tabac et aliments de marque) enregistreront probablement des performances raisonnables qui augmenteront à mesure que la population mondiale s'accroîtra. Dans ce cas, les ratios cours/bénéfice seront contenus par les faibles taux d'intérêt. À mon avis, il est trop tard pour acheter des titres de second ordre, cycliques ou spéculatifs, sans parler des technos. En réalité, en raison de la déréglementation et de la mondialisation de la concurrence, il ne reste pratiquement aucun placement soi-disant sûr. Plus que jamais, il est impératif de diversifier son portefeuille en achetant les titres non cycliques de grandes sociétés bien gérées.

En temps normal, les cours boursiers fluctuent de façon raisonnable, ce qui fait de l'investissement une activité relativement rationnelle. En revanche, les paniques et les bulles fournissent leurs lots d'occasions de vente et d'achat. De façon générale, les paniques surviennent brusquement et font s'effondrer les cours pendant un laps de temps relativement court, tandis que les bulles font monter les prix plus graduellement et durent plus longtemps, car elles ont tendance à s'autoalimenter.

Supposons qu'un ratio de 14 fois les bénéfices représente un marché moyen. Ne le considérez pas comme normal à 20 ou 25, même s'il reste longtemps à ce niveau. Par contre, si après une panique ou une récession sévère, il descend à 12 ou 8, ne laissez pas passer cette occasion d'acheter, et ce, même s'il a l'air de ne plus vouloir bouger. Puisque le rendement à long terme des actions est de 5 à 6 % après inflation, il n'est pas avantageux d'acheter quand le ratio est supérieur à la moyenne (et vice versa).

Les paniques, si elles s'expliquent, sont rarement justifiées. Une panique est irrationnelle par définition. Celle qui a suivi la tragédie du 11 septembre 2001 à New York n'aurait pas pu durer bien longtemps, car les attaques n'ont pas recommencé. Si la prudence s'est avérée de mise, la peur ne s'est pas installée en permanence. À l'inverse, la crise de l'été 2002 a été désastreuse pour les valeurs à long terme. Pendant les mois de juin et juillet de cette année-là, la multiplication des scandales corporatifs a entraîné une vague de rachats de fonds communs et un désintérêt international pour le dollar américain. En abandonnant les actions au profit des obligations, les gestionnaires de caisses de retraite n'ont fait qu'aggraver la situation. Les particuliers et les entreprises ont constaté à quel point ils étaient endettés, et l'illusion générale de richesse s'est dissipée pour laisser place à la menace d'une très longue récession. Dans ces circonstances, les investisseurs ont pris leurs jambes à leur cou.

Lorsque les détenteurs de fonds communs de placement ont un urgent besoin de liquidités, ils peuvent en obtenir sur-le-champ en vendant leurs parts. Or, s'il n'y a pas beaucoup d'offres d'achat, les parts s'échangent aux prix les plus bas, peu importe la qualité ou la valeur à long terme des titres constitutifs. Toutes ces opérations finissent par avoir un impact sur les meilleurs titres émis en grandes quantités, car ils sont parmi les seuls à être facilement négociables. Une panique chez les détenteurs de fonds communs peut donc causer de terribles ravages, et ce, jusqu'à ce que les placements aboutissent dans les mains d'acheteurs sérieux, une denrée rare dans ce marché. La clientèle des fonds de placement est en effet principalement composée de petits épargnants peu avisés, qui ont mordu à la popularité de ce produit et ont réussi à réaliser des gains grâce à la prospérité économique ambiante.

En cas de panique à court terme (du type de celle du 11 septembre), vous n'avez pas besoin d'attendre pour acheter des actions. En cas de crise prolongée (comme à l'été 2002), n'agissez pas immédiatement. Laissez passer au moins six mois, le temps que les fonds arrivent aux échéances de rachat, que s'achève la panique et que débute une nouvelle ère. Vous aurez bientôt l'occasion d'acquérir des actions à prix abordable, mais n'allez pas au-devant du malheur. Bien qu'il soit tentant de profiter de l'affolement de certains vendeurs pour acheter leurs titres à rabais, résistez. Vous pourriez devoir les revendre à un prix encore plus bas! Tenez bon jusqu'au plus creux de la dépression. C'est à ce moment que vous aurez le plus de choix. Votre patience sera alors récompensée.

La panique est une émotion de courte durée qui empire les choses et à laquelle l'investisseur ne doit pas céder. Il a plutôt intérêt à se comporter en gentleman. Lorsque l'action de Nortel a grimpé à 120 $ et que les acheteurs étaient littéralement en état de manque, les vrais gentlemen ont fait preuve de grandeur d'âme en leur vendant leurs titres. Plus tard, lorsque l'action a dégringolé à 3 $, j'ai moi-même tiré d'embarras plusieurs vendeurs désespérés en leur achetant leurs titres. La plupart du temps, c'est la nécessité de vendre qui fait paniquer. Les frénésies d'achat se font plus rares et ne sont donc pas très inquiétantes. De plus, elles sont habituellement confinées à certains secteurs, comme les pointcoms, les technologies de pointe ou la nouvelle économie. En réalité, il peut être très avantageux de profiter d'une panique passagère si (et seulement si) elle démarre dans un marché déjà relativement bas. Le lundi 17 septembre 2001, j'ai placé un certain nombre d'ordres d'achat pour des actions de qualité dont le cours était déjà raisonnable le 10 septembre et qui ont piqué du nez dans les jours suivants. Tous mes ordres n'ont pas été exécutés, mais j'ai eu quelques occasions d'agir en gentleman.

Lorsqu'on gère des placements, on est constamment en train de calmer ses émotions et de remettre en question ses préjugés en se basant sur les faits, la logique et le bon sens. Une fois qu'on a compris cette dynamique, on regarde les paniques d'un autre œil; on ne les voit plus comme des catastrophes, mais plutôt comme des occasions. À l'inverse, on n'a pas intérêt à se laisser gagner par la fièvre collective ni par l'appât du gain lorsqu'il y a frénésie d'achat. Dans ce cas, bien sûr, il faut de la discipline pour ne pas déroger à sa stratégie de placement et résister à toutes ces actions alléchantes. Mais la discipline est sans doute l'outil le plus précieux de l'investisseur.

La Bourse est un exutoire affectif pour de nombreux investisseurs. Chaque jour, ils y retrouvent leur lot de douleur et de plaisir, et ils auraient bien de la difficulté à se libérer de cette dépendance ou même à la reconnaître. Pour plusieurs personnes âgées, surveiller la Bourse est une activité à temps plein, qui compense la perte d'émotions passées.

Les paniques sont beaucoup plus stressantes que les bulles. Elles font appel à l'instinct de survie, non à l'instinct de possession. Et certains n'hésiteront pas à essuyer d'énormes pertes pour se sortir d'une situation qu'ils perçoivent comme désastreuse. L'enjeu est encore plus élevé pour les aînés : ils n'ont plus grand temps pour récupérer leur mise, et leurs perspectives d'emploi sont plutôt sombres s'ils ont dépassé 70 ans. À moins de posséder de grosses fortunes, les gens très âgés ont avantage à investir essentiellement dans des obligations.

Mais le malheur des uns fait le bonheur des autres. Pour l'investisseur discipliné, avisé et rationnel, les paniques et les bulles boursières constituent d'excellentes occasions.

Chapitre 11

Au-delà de la radiographie

L'analyse des titres, lorsqu'elle est effectuée avec compétence et précision, fournit une information précieuse, essentielle à la négociation des valeurs mobilières. Elle doit donc être au cœur de toute approche de placement rigoureuse, qui vise à procurer un rendement à long terme supérieur à celui des marchés boursiers, sans impliquer autant de risques.

Moi-même analyste à la fin des années 50, j'ai eu l'occasion d'enseigner cette méthode à l'Université McGill, dans le cadre du programme d'études supérieures de l'École des études commerciales. Comme ouvrage de référence, j'ai utilisé *Security Analysis,* de Benjamin Graham et David Dodd. J'ai aussi demandé aux étudiants de lire des biographies et des documents historiques afin de raffiner leurs connaissances techniques des marchés boursiers. Ainsi, ils ont pu acquérir une partie de la compétence qui, mariée à l'expérience, permet de réussir dans ce domaine.

L'analyse des titres, ou analyse fondamentale, est plus qu'une simple technique. Pourtant, la plupart des analystes se contentent de calculer les ratios de rentabilité, les bénéfices redressés, le passif et l'actif, pour se prononcer sur la valeur d'un titre. Ils obtiennent alors une parfaite image rétrospective d'une société, mais doivent se rabattre sur des taux de croissance hypothétiques pour estimer ses perspectives d'avenir. Ainsi pratiquée, l'analyse des titres éclipse le plus intéressant. C'est comme si on regardait la radiographie d'une belle femme. Il manque l'essentiel pour bien l'apprécier.

Non pas que je considère l'analyse statistique inutile. Au contraire, le bilan est l'une des premières choses que j'examine lorsque j'envisage d'investir dans une société. S'il révèle un surendettement, je suis déjà moins intéressé. Il laisse supposer une hypertrophie de l'ego des dirigeants, ce qui est de mauvais augure. Il est peu probable qu'à long terme cette entreprise génère de gros profits, à moins d'afficher une forte croissance – une hypothèse peu réaliste compte tenu de sa situation actuelle. Même prospère une compagnie connaîtra des années difficiles; je ne vois pas pourquoi il faudrait en choisir une soumise à l'épée de Damoclès du surendettement. La malchance est parfois inévitable. Pourquoi la provoquer?

Examinez attentivement le niveau d'endettement de la société qui vous intéresse. Une dette de 100 millions de dollars n'est pas qu'un simple chiffre. Si elle doit être réglée dans les 12 mois, elle est beaucoup plus inquiétante que si son remboursement peut être étalé sur plusieurs années. S'il s'agit d'une obligation, vérifiez le pourcentage du coupon : un coupon de 8 % suppose évidemment autre chose qu'un coupon de 4 %. Par ailleurs, un taux de 4 % est plus lourd si l'obligation est en devises étrangères, car le taux de change n'est pas toujours à notre avantage. S'il s'agit d'un prêt consenti par une banque, la dette fait alors partie du passif à court terme. Ne croyez pas les banquiers capables de compassion. Ils n'aiment que les emprunteurs sans risque. Avec les autres, ils se montreront intraitables et feront tout en leur pouvoir pour éviter les défauts de remboursement. Un banquier réagit au quart de tour s'il pressent la diminution de la cote de crédit d'un client ou s'il soupçonne qu'un prêt deviendra une créance irrécouvrable. Après tout, mettez-vous à sa place[6].

Passons maintenant aux principaux paramètres que j'examine lorsque j'évalue une société.

Normalement, le montant des **avances bancaires** doit être égal ou inférieur aux sommes à recevoir. Ces avances se résument alors à une dette auto-amortissable qui ne représente aucun risque. Le cas échéant, la société cherchera à compenser une hausse majeure des taux d'intérêt en augmentant sa marge bénéficiaire. Il est préférable que l'actif à long terme, tel que les installations de production, ne soit pas financé par la dette à court terme.

Lorsqu'une société contracte une dette à long terme, il est important qu'elle dispose de ce qu'on appelle couramment en anglais *cash income* (profit avant impôt plus amortissement) suffisant pour couvrir en tout temps le paiement des intérêts – en d'autres mots, elle doit générer des revenus suffisants pour faire face aux intérêts. Si c'est le cas, elle pourra alors refinancer les montants à rembourser (obligations, autres dettes, etc.). Sinon, elle devra prévoir une façon de générer assez de réserves pour éviter tout problème – temporaire ou chronique, voire mortel.

L'examen des marges bénéficiaires et du *cash income* permet d'évaluer la façon dont une société gère sa dette *et* sa croissance. En effet, on conserve une action à long terme pour voir augmenter les bénéfices et les actifs liquides. Dans le cas contraire, l'action se contentera de fluctuer en fonction des perceptions à court terme ou des variations des taux d'intérêt et des attentes des actionnaires. De

---

[6] N'importe quel prêteur avisé réagirait ainsi. Par exemple, un gestionnaire de fonds comme moi vendra ses titres de créance au moindre signe d'incertitude, pour en acheter d'autres plus fiables. J'investis dans les obligations parce qu'elles constituent un outil de placement absolument sûr. Tout ce qui m'intéresse, c'est de toucher le maximum d'intérêts en toute confiance. Il ne faut pas oublier qu'on ne récupère jamais une mauvaise créance.

cette manière, l'investisseur pourra peut-être gagner de l'argent (ou en perdre), mais il ne profitera pas d'une croissance à long terme. Si, en toute logique, la valeur à long terme d'une société est déterminée par l'augmentation du bénéfice par action et du *cash income,* il n'en demeure pas moins qu'elle doit aussi s'appuyer sur un bilan solide et viable. Autrement, elle n'est pas fiable.

Le **bénéfice par action** est, lui aussi, plus qu'une simple statistique. Ce ratio n'aura pas la même valeur selon qu'il figure au bilan d'une société peu endettée ou d'une société très endettée ou largement financée par emprunt. Une société qui n'a aucun intérêt à payer enregistrera, bon an mal an, des bénéfices comparables, tandis qu'une autre, aux prises avec des frais d'intérêt élevés, verra ses bénéfices varier considérablement d'année en année. La société libre de dettes sera plus susceptible de verser des dividendes, ce qui est justement le but recherché par l'investisseur à long terme. Il ne faut donc pas se fier au seul chiffre qui représente le bénéfice, car celui-ci, comme on le verra ci-après, peut être surévalué ou sous-évalué par toutes sortes d'astuces.

De nos jours, il arrive souvent qu'on retrouve le poste « frais spéciaux » ou « restructuration » au bilan. Une restructuration peut entraîner la radiation d'actifs importants et, par le fait même, diminue les frais d'amortissement[7]. Si cette imputation n'a pas vraiment d'influence sur le *cash income,* elle exagère le bénéfice net. Par ailleurs, une provision insuffisante pour amortissement, créances douteuses ou dépréciation des stocks a aussi pour effet de grossir artificiellement le bénéfice net.

Le **taux d'imposition sur le revenu** est un autre indicateur à surveiller. Si, pour une raison ou pour une autre, on juge qu'il est trop faible, il y a lieu d'utiliser un taux plus élevé pour obtenir un taux récurrent plus réaliste. On rajoute alors le montant des économies réalisées (à moins qu'elles soient seulement reportées) en

---

[7]   Il s'agit d'une pratique contraire aux conventions, car l'amortissement est généralement une *usure normale* et une *désuétude,* alors que les frais spéciaux réduisent ou éliminent la désuétude.

nvertissant en un multiple normal du bénéfice et du *cash income*. De cette
n, on évite de bonifier l'évaluation à long terme par une prime non récur-
. En réalité, il ne faut tenir compte d'aucun élément non récurrent du béné-
net lorsqu'on veut le calculer de façon exacte. Il est à noter qu'un strict exer-
comptable pourra donner un résultat légèrement différent, mais comparable.

Ces ajustements vous permettront de faire une analyse plus exacte des béné-
. S'il y a un écart considérable entre vos résultats et les chiffres officiels de
ociété, posez-vous des questions. Des bénéfices exagérés dénotent une atti-
e fanfaronne au sein de la direction. Vérifiez les primes et les programmes
tions offerts aux cadres supérieurs. S'ils sont somptueux, vous saurez alors
une fois la fête terminée vous risquez de tomber de haut, un peu comme
mpty Dumpty. Et rappelez-vous que « ni les chevaux du Roi, ni les soldats
Roi, n'ont pu soulever Humpty Dumpty pour le remettre droit[8] ». Si les
éfices sont sous-estimés de façon substantielle, c'est que la société désire
intenir le cours de son action au plus bas. Cela signifie habituellement qu'un
onnaire dominant indélogeable contrôle la situation. Soit il veut pouvoir
eter ses actions à bas prix, soit il s'en fait à propos d'autre chose, les droits
succession, par exemple.

Une compagnie peut également gérer ses bénéfices ; GE, entre autres, n'a pas
sité à le faire. Quand les choses vont bien, la société sous-évalue ses bénéfices,
ndis qu'elle les surévalue pendant les mauvaises passes, ce qui lui permet d'af-
her une croissance stable d'année en année. Mais une fois qu'elle a épuisé tous
expédients, elle doit regarder les choses en face. En règle générale, si vous
soupçonnez que les bénéfices d'une compagnie sont manipulés, soyez prudents
et surveillez le taux d'imposition sur le revenu. Si je préfère qu'une entreprise
affiche une réelle croissance soutenue de ses bénéfices (à condition, bien enten-

---

[8] NDT : Lewis Carroll, *Tout Alice*, Paris, Flammarion, 1979, p. 276. Traduction de Henri
Parisot.

du, qu'elle soit dépourvue de manipulation), je n'ai rien contre la prudence dans la comptabilisation du risque. Cette façon de voir stabilise les valeurs et tend à réduire autant la peur que l'avidité chez les investisseurs.

Le **fonds de roulement** est un autre poste que j'examine attentivement. Le ratio de liquidité générale, qui s'obtient en divisant l'actif à court terme par le passif à court terme, peut en effet être très révélateur. Normalement, l'actif à court terme comprend l'encaisse, les débiteurs, les stocks et certaines charges payées d'avance (impôts, loyer, etc.). Le passif à court terme comprend les emprunts bancaires (qui doivent être remboursés dans l'année), les créditeurs et autres dettes à court terme, ainsi que la portion de la dette à long terme remboursable dans l'année.

À l'époque où j'enseignais à l'université, on pouvait espérer un ratio de 2/1. Mais, de nos jours, un tel ratio n'est pas réaliste dans de nombreux secteurs d'activités, surtout dans les entreprises qui ont un important taux de rotation des stocks. Néanmoins, il faut que la compagnie soit en mesure de rembourser ses dettes lorsqu'elles arrivent à échéance et qu'elle profite des escomptes de caisse en réglant ses comptes débiteurs dans les 10 à 30 jours. Un ratio de liquidité générale à la baisse m'inquiète au même titre qu'une réduction du taux de rotation des stocks ou qu'une prolongation du délai de paiement des débiteurs. Des dirigeants compétents contrôleront ces éléments de manière à avoir suffisamment de liquidités en tout temps.

Un solide bilan peut être un outil d'expansion, tandis qu'un bilan plus fragile indique que la société éprouve des difficultés et n'est pas en mesure de saisir certaines occasions de développement. Un bilan en avance de quelques années est un signe de santé, à moins que les membres de la direction n'en profitent pour s'endormir sur leurs lauriers, auquel cas il serait signe de faiblesse. Comme souvent dans la vie, la modération a bien meilleur goût. Sans être téméraire, une compagnie doit faire preuve de dynamisme.

De nombreuses compagnies inscrivent l'achalandage à l'actif. C'est notamment le cas d'une société qui fait l'acquisition d'une autre entreprise à un prix supérieur à la valeur comptable. Pour ma part, je n'ai pas l'habitude d'en tenir compte dans mon calcul du ratio d'endettement ou d'autres ratios. Il se peut que l'achalandage ait effectivement une valeur, mais comme peu de sociétés augmentent la valeur comptable de leurs propres immobilisations, je ne vois pas pourquoi elles le feraient dans le cas d'une acquisition.

Pour vérifier le contrôle des coûts, j'examine différents éléments du coût de revient par rapport au chiffre d'affaires. La marge bénéficiaire brute, ainsi que les frais de vente, de publicité et d'administration sont très parlants à cet égard. Il est également intéressant d'examiner les ratios bénéfice net/chiffre d'affaires brut et *cash income*/chiffre d'affaires brut (le *cash income* étant le bénéfice net plus l'amortissement). Le cas échéant, je compare ces valeurs à celles de sociétés concurrentes. Un bon contrôle des coûts est synonyme de saine gestion, car qui épargne gagne.

Un bon dirigeant fait preuve de rigueur dans le contrôle des coûts et réussit à communiquer cette préoccupation à ses employés, qui à leur tour en tirent de la fierté. L'augmentation de la marge bénéficiaire doit être proportionnelle à la croissance du volume des ventes ; sinon, c'est signe que le contrôle des coûts n'est pas assez serré ou que les activités de vente laissent à désirer (il y a vente à perte). Lorsque le chiffre d'affaires est en hausse mais que le bénéfice fait du sur-place, il faut vérifier si les dirigeants font bien leur travail (même s'il arrive qu'ils ne soient pas en cause). Quoi qu'il en soit, un investisseur qui vise le long terme a intérêt à privilégier les entreprises qui enregistrent les meilleures marges bénéficiaires, tout en réduisant leurs coûts au minimum. Elles connaîtront une croissance plus rapide que les autres et continueront de verser des dividendes.

Plusieurs investisseurs et analystes examinent la **valeur comptable** et le **rendement des capitaux propres**. Bien que je me penche moi aussi sur ces ratios, j'en viens à penser que souvent ils ne signifient pas grand-chose. Une entreprise qui achète ses propres actions peut n'avoir aucune valeur comptable tout en étant très rentable, tandis que la valeur comptable élevée d'une autre tiendra plus à son achalandage qu'à sa valeur corporelle nette. S'il est vrai qu'une compagnie appartenant à un secteur d'activités en déclin (acier, textile) peut afficher une énorme valeur comptable, il n'en demeure pas moins que personne n'achèterait ses immobilisations à ce prix ni ne construirait une usine de cette valeur. Il est donc rare que la valeur comptable soit économiquement juste. Lorsque les compagnies de services publics étaient réglementées, elle était particulièrement significative, mais ce n'est plus le cas depuis la vague de déréglementation.

Tous les postes du bilan et de l'exercice financier dont j'ai traité ci-dessus parlent uniquement du passé de l'entreprise. Son avenir à long terme reste toujours inconnu. En réalité, il existe très peu de sociétés dont on peut envisager l'avenir au-delà de six mois, car une multitude de variables entrent en ligne de compte : des facteurs propres à l'entreprise, mais aussi sectoriels, régionaux, nationaux et internationaux.

Ainsi, les compagnies aériennes sont probablement parmi les moins stables. C'est la raison pour laquelle je les fuis littéralement en tant qu'investisseur. En revanche, les brasseurs – surtout les chefs de file – ont connu les plus longues périodes de croissance progressive ; au fil des ans, ils n'ont subi que des variations mineures attribuables à la mode et à la température. À l'exception de Microsoft, qui exerce un quasi-monopole, les entreprises de technologies de pointe sont sans doute les moins prévisibles. Les désastres sont en fait les seuls événements auxquels on est en droit de s'attendre dans ce secteur. Une entreprise peut en effet sombrer dans la ruine si un concurrent lance un nouveau produit avant elle.

Même celle qui a fait la découverte la première n'est pas hors de danger; elle courra probablement à sa propre perte en connaissant une expansion aussi débridée qu'éphémère. Ses jeunes rivales ne tarderont pas, en effet, à tuer sa marge bénéficiaire en fabriquant le même produit à moindre coût. Voilà pourquoi, la plupart du temps, je n'investis pas dans les sociétés technologiques.

Je fais la distinction entre secteurs d'investissement et secteurs de spéculation. Comme je ne suis pas joueur, je concentre mes efforts de recherche dans le bassin des sociétés solides et stables. Or, même celles-là sont moins sûres de nos jours. De nombreux facteurs compliquent dorénavant l'existence des entreprises et, du même coup, contribuent à faire du placement une activité plus complexe que jamais: la déréglementation, des normes de fabrication plus strictes, la mondialisation des communications (qui avive la concurrence), l'omniprésence des avocats et des gardiens de la morale, des restrictions commerciales (en dépit des traités de libre-échange), les variations de change sur les devises, les salaires minimums et les pratiques d'emploi rigides, etc. Si l'on veut éviter les surprises, il est donc nécessaire de compléter l'analyse des titres, toute rigoureuse soit-elle, par la diversification.

Bien qu'absolument essentielle, l'analyse fondamentale inspirée de l'approche traditionnelle de Graham et Dodd ne présente que les antécédents d'une entreprise et ne permet pas de formuler autre chose que des hypothèses quant à son avenir à moyen et à long termes. Il est vrai que, de nos jours, les sociétés présentent à titre indicatif leurs prévisions en matière de bénéfices. Mais pour avoir moi-même exploité une société, je sais que ce sont surtout des devinettes. Ces perspectives sont souvent fondées sur des budgets pessimistes ou optimistes qui laisseront place à la manipulation ou ne se concrétiseront jamais. Je ne demande donc pas à une société de se prononcer sur ses bénéfices. C'est à moi de le faire en tant qu'analyste.

Pour tenter de comprendre comment évoluera une société, il faut étudier son passé. Ce serait jouer avec le feu que de ne pas écouter ce que l'histoire des chiffres raconte. Mais comme je l'ai déjà mentionné, l'utilité des divers ratios que nous avons examinés dans ce chapitre tient surtout au fait qu'ils nous renseignent sur le style de gestion des dirigeants. Un bilan qui s'enfonce dans le négatif suggère qu'ils prennent trop de risques ou en ont trop pris dans le passé ; un surplus d'encaisse et une absence de dettes indiquent un manque d'imagination ou d'ambition ; un excédent de stocks dénote un manque de discipline ou un mauvais contrôle des coûts. Dans cette perspective, le coefficient de gestion est un aspect déterminant d'une bonne analyse des titres. Voilà pourquoi nous consacrons le chapitre suivant à cette notion.

Chapitre 12

Le coefficient de gestion

Pour connaître un succès durable, une entreprise doit s'appuyer sur des employés et des dirigeants compétents, animés par un solide esprit d'équipe. Il n'est pas dit qu'un entrepreneur habile et dévoué ne parviendra pas, à force d'obstination, à mener sa société vers les plus hauts sommets. Mais souvent ses collaborateurs manqueront d'autonomie et auront tendance à attendre qu'il leur dise quoi faire. Le moment venu, ils seront incapables de reprendre le flambeau, car l'initiative ne fera pas partie de leur culture. Habituellement, ce type de société ne survit pas à son fondateur.

Des gestionnaires amorphes, incompétents ou tout simplement ordinaires peuvent provoquer la ruine d'une société. C'est ce qui s'est produit chez AT&T, General Motors, IBM et U.S. Steel, pour n'en nommer que quelques-unes. Dans un monde devenu excessivement concurrentiel, seuls les dirigeants exceptionnels ont des chances de réussir. Ceux-là n'hésiteront pas à consacrer de longues heures à leur travail et se montreront disponibles sept jours sur sept. En revanche, les prima donna échoueront, comme l'ont montré les scandales à la Enron, WorldCom, Tyco et Vivendi. Les compagnies n'ont plus les moyens de tolérer les jeux politiques. La clé du succès réside dans la collaboration harmonieuse entre des gens talentueux, qui peuvent compter les uns sur les autres en tout temps.

Les dirigeants consciencieux ne supportent pas la médiocrité et s'efforcent de hausser constamment le niveau de compétence de leurs collaborateurs. Pour ce faire, ils embauchent d'excellentes jeunes recrues et ne tardent pas à leur confier des tâches qui les aideront à aiguiser leurs qualités de leader. Ils favorisent également la cohabitation intergénérationnelle et le développement d'une culture d'entreprise solide, fiable et durable. Ces dirigeants sont prêts à consacrer leur vie à leur société et en assument pleinement les responsabilités.

Ce coefficient de gestion ne figure pas au bilan ni dans les états financiers d'une société. C'est pourtant le ratio le plus important. L'analyste qui n'y accorde pas toute son attention rate l'essentiel de l'exercice. Malheureusement, c'est le cas de la majorité d'entre eux.

Il est faux de croire que toutes les sociétés sont bien dirigées et que, pour savoir où investir, il suffit d'examiner les ratios et d'appliquer un taux de croissance présumé. Un analyste chevronné ne se limite pas aux données quantitatives. Pourtant, à lire les articles de la presse financière et les rapports des courtiers, on pourrait penser que seuls les chiffres comptent. De nos jours, n'importe quel analyste financier agréé peut prétendre être capable d'interpréter les ratios. À ma connaissance, seuls quelques-uns voient les choses à ma manière.

Pour bien comprendre un secteur d'activités et les sociétés qui le composent, l'analyste doit d'abord savoir que le conseil d'administration est mandaté pour «gérer la société» ou, si l'on veut, pour s'assurer que les dirigeants font de l'excellent travail. Un administrateur très âgé d'une banque suisse m'a déjà dit qu'une saine gestion était de la plus haute importance, car elle était le fondement même de la culture d'entreprise. J'irais jusqu'à dire que la gestion doit être irréprochable. La fonction du CA est donc de veiller à ce que l'équipe de direction soit de niveau supérieur et qu'elle prépare une relève aussi qualifiée qu'elle.

L'analyste doit ensuite saisir les tenants et aboutissants du poste de chef de la direction. Malheureusement, la plupart de ceux qui exercent ce métier s'enferment dans leur tour d'ivoire à calculer leurs ratios et à lire tout ce qu'ils découvrent sur Internet et dans les études de placement, sans vraiment côtoyer d'autres êtres vivants.

Il est tout à fait possible pour un analyste de reconnaître ce qui fait un bon dirigeant. Bien entendu, chaque directeur général a sa propre personnalité, mais les meilleurs ont plusieurs traits en commun. Il existe deux grands types de DG : l'interventionniste et le délégant. La force de l'interventionniste provient de sa connaissance pratique de son secteur d'activités, tandis que celle du délégant réside dans sa maîtrise des relations interpersonnelles. Compte tenu de son expérience et de son savoir-faire, l'interventionniste peut se fier à son jugement. Il ne fait pas de supposition, car il sait exactement ce dont il a besoin. Comme ses exigences sont très claires, ses collaborateurs ne peuvent jamais prétendre qu'ils ne l'ont pas compris. C'est un redoutable perfectionniste, qui délègue son pouvoir à ceux qui partagent sa vision et savent se montrer à la hauteur en tout temps. La société ne quitte jamais son esprit ; il ne vit littéralement que pour elle. Il a donc besoin d'un partenaire de vie très compréhensif.

Le délégant a du charisme ; les gens aiment travailler pour lui et ne voudraient pas le laisser tomber. Comme il lui manque l'expérience pratique de son secteur d'activités, il doit réunir autour de lui une équipe d'experts fiables, ce qui n'est pas une mince tâche. Certains diront que le délégant est le seul DG vraiment capable de diriger une grande société complexe, car rares sont les personnes capables de maîtriser plusieurs champs de connaissances – lui, au moins, sait s'entourer. Chez Jarislowsky Fraser, nous avons la chance de compter deux personnes qualifiées au sein de l'équipe de direction. Si une société se trouve dans cette même situation et que les deux cadres ont une différence d'âge considérable (ce qui est le cas chez nous, les deux personnes ayant 30 ans de différence), on peut être rassuré quant à la succession. Mais le plus jeune ne doit pas tarder à initier une nouvelle recrue.

Bien que l'actif le plus précieux d'une société, son équipe de direction, ne figure pas au bilan, l'analyste doit lui accorder la priorité sur les ratios. Son évaluation de la gestion est en effet l'unique facteur sur lequel il peut s'appuyer pour établir des prévisions. Si l'entreprise est menée de main de maître et jouit d'une solide culture, elle saura traverser les épreuves. Ses dirigeants s'assureront de son succès à long terme et verront à ce que leurs interventions portent leurs fruits. Ils n'opteront pas pour des solutions de facilité, ne tableront pas sur le court terme et feront preuve de perspicacité. Ils sauront reconnaître et corriger les erreurs, et veilleront à s'entourer de ressources qualifiées. Ils éviteront de faire des fusions insensées ou d'entreprendre d'autres types de projets qui serviraient uniquement à flatter leur orgueil. Ils ne prendront pas trop de risques et verront à ce que l'indifférence de certains ne leur réserve pas de mauvaises surprises. Si le succès d'une entreprise dépend de sa gestion, l'analyste doit donc bien saisir cette dimension.

Il est moins compliqué qu'il n'y paraît de mesurer la compétence des dirigeants d'une société. Mais pour ce faire, l'analyste doit établir des contacts personnels avec certains intervenants des sociétés les mieux gérées dans un secteur d'activités donné. Il s'efforcera de les rencontrer régulièrement afin d'obtenir de l'information de première main. Il devra également nouer des liens avec les représentants de sociétés concurrentes pour entendre un autre son de cloche sur le secteur et ses chefs de file. Il veillera à comprendre les normes culturelles de chaque entreprise, car elles jouent un rôle majeur au sein d'une industrie. Il verra à mettre souvent ces renseignements à jour, car les choses évoluent rapidement.

L'analyste doit comprendre qu'une équipe de direction compétente se caractérise autant par la personnalité que par la volonté d'agir de manière juste et équitable. Il se méfiera des dirigeants qui ont pour seul souci d'augmenter le cours des actions. Dans les sociétés responsables, les solutions et les décisions à court terme reflètent les valeurs et les objectifs à long terme (non le contraire), ce qui est plus avantageux pour l'actionnaire.

L'analyste a intérêt à siéger à quelques conseils d'administration afin d'être en prise directe sur la réalité des sociétés. Ainsi, il sera à même d'observer des dirigeants à l'œuvre et comprendra mieux les aléas de la gestion d'entreprise. Par ailleurs, en travaillant quelque temps pour une grande compagnie, il pourra juger de l'intérieur les effets d'une bonne ou d'une mauvaise gestion.

Au cours des 40 dernières années, j'ai siégé à de nombreux conseils d'administration, ce qui m'a permis de repérer les écueils à éviter. De façon générale, il faut des administrateurs consciencieux pour assurer la saine gestion d'une société cotée en Bourse. Mais tout scrupuleux qu'ils soient, ils devront se contenter d'atténuer les effets de certaines décisions s'ils ont affaire à un actionnaire majoritaire qui veille davantage à ses propres intérêts qu'à ceux de l'ensemble des propriétaires. En réalité, les analystes devraient se tenir éloignés des entreprises où l'orgueil exerce un rôle plus décisif que les bonnes pratiques et le bon sens.

Lorsqu'ils visitent des sociétés, certains analystes ne rencontrent que le responsable des relations avec les investisseurs, ce qui, à mon sens, est nettement insuffisant. Il y a peu de chances en effet que cette personne risque son emploi au sein de la société en véhiculant autre chose qu'un message officiel, à moins, bien entendu, qu'elles connaisse personnellement l'analyste et qu'elle puisse compter sur sa totale discrétion.

Il n'est guère plus satisfaisant de parler seulement au chef de la direction. L'interventionniste, habituellement préoccupé par les problèmes immédiats, ne fournira pas une vue d'ensemble, tandis que le délégant ne possédera pas tous les détails qui présentent de l'intérêt. Mais quel que soit son type, il reste un interlocuteur de choix. On peut se fier au jugement qu'un DG exceptionnel exprime sur sa société et son secteur d'activités. J'ai souvent développé et entretenu des liens d'amitié avec les dirigeants que j'ai rencontrés au cours de ma carrière. Leurs connaissances et leurs opinions se sont avérées inestimables.

Il peut être très utile de discuter avec le directeur des finances, particulièrement s'il fait confiance à l'analyste. Lorsque je voulais approfondir mon enquête sur une société, je demandais au DG d'inviter ses principaux décideurs à participer à notre rencontre. Mais les visites les plus enrichissantes sont celles auxquelles le chef de la direction convie lui-même ses collaborateurs. Il témoigne ainsi de sa confiance et de son respect envers l'analyste. Ce genre de relation est mutuellement profitable et de bon augure. L'analyste devient alors un ami de la société. S'il ne prévoit pas publier les résultats de son enquête, les cadres supérieurs deviennent encore plus ouverts, ce qui lui évitera souvent de faire des erreurs impardonnables.

En réalité, l'analyste doit chercher à établir un lien entre son évaluation qualitative de la direction et les données quantitatives figurant au bilan de la société. Les ratios revêtent alors une nouvelle signification, qu'il saura interpréter trimestre après trimestre. S'il juge que la situation n'évolue pas de façon satisfaisante, il cherchera à obtenir des explications. Les dirigeants compétents admettront leurs erreurs, sans tenter de les déguiser ou de les justifier.

Quels types de questions permettent à l'analyste de gagner la confiance et le respect des dirigeants ? Certainement pas celles du genre « Selon vos prévisions, quel sera votre bénéfice par action cette année ? » ou encore « Augmenterez-vous les dividendes ? » Il aura avantage à se montrer moins direct.

Puisque le DG rend habituellement des comptes au CA et à ses comités, l'analyste s'inspirera des questions qu'un administrateur consciencieux lui poserait. Il les complétera par des questions que le DG poserait à son tour à ses subalternes. Bien qu'il apprécie toujours les bonnes nouvelles, un DG sérieux est à l'affût des mauvaises, car ce sont les problèmes réels ou potentiels qui exigent l'élaboration de solutions et de stratégies.

Normalement, le chef de la direction prévoit les questions des administrateurs, car il ne veut pas être pris au dépourvu durant les réunions du CA. C'est pourquoi il ne devrait pas être déconcerté par les questions de l'analyste et devrait lui répondre de façon satisfaisante. Plus au fait de certains détails, le directeur des finances agira comme spécialiste ou personne-ressource. Des dirigeants compétents connaîtront parfaitement bien leur société, sauront d'où elle vient et auront une vision évolutive de l'avenir.

Le rendement du capital est d'une importance primordiale pour le dirigeant de haut niveau et l'administrateur diligent. Les produits de marque, le développement des produits, les marges bénéficiaires et le contrôle des coûts sont des aspects qui leur tiennent également à cœur. En tant qu'analyste, j'examine la provenance et l'utilisation des fonds pour l'année suivante et l'avenir à plus long terme. Dans cette perspective, des données comme les bénéfices, le financement, l'évolution du fonds de roulement (actifs à court terme moins passif à court terme), les dépenses en immobilisations, le remboursement de la dette et, enfin, les dividendes présentent un intérêt vital.

Pour évaluer le bénéfice net, je me renseigne sur l'évolution des frais d'amortissement et les objectifs de financement. J'étudie avec soin la rotation des stocks, le délai de paiement des comptes débiteurs, les escomptes de caisse, l'encaisse, le remboursement de la dette et les besoins en matière de fonds de roulement. Retiennent également mon attention les dépenses en immobilisation et l'état des projets qui s'achèveront l'année suivante, de même que les prévisions à plus long terme en ce qui a trait au chiffre d'affaires et aux bénéfices. Je passe ensuite au peigne fin tous les secteurs susceptibles d'influencer le chiffre d'affaires à la hausse comme à la baisse et je réévalue le rendement du capital en fonction des principales divisions. Cette méthode permet de repérer les points faibles de l'équipe de direction ou les aspects qu'elle pourrait améliorer.

Je me suis toujours méfié des fusions ou des acquisitions, car leur effet sur la culture d'entreprise peut être désastreux. D'après mon expérience, aucune société ne devrait s'aventurer dans une prise de contrôle, sauf s'il existe des ressources considérables de cadres dans la société acheteuse. Si celle-ci n'est pas capable d'organiser une équipe de première qualité à la tête de la société acquise, il y a danger d'échec, à moins que l'achat soit fait justement dans le but d'acquérir une équipe de haute qualité. En plus, il est essentiel de mettre en place une nouvelle équipe choisie sans biais des deux compagnies.

Les dernières questions que je pose au chef de la direction ont trait aux éléments distinctifs des ressources humaines, aux normes culturelles et à l'esprit d'équipe qui règne dans l'entreprise. Normalement, le DG, le directeur des finances ou tout autre cadre supérieur en est venu à apprécier mon intervention, car elle l'a incité à réfléchir et à avancer quelques idées. Je ne cherche pas à soutirer de l'information privilégiée à mon interlocuteur ou encore à l'amener à faire des prévisions exactes. À cette étape, je complète simplement le portrait de l'entreprise, car j'ai déjà réussi à évaluer ce qui à mes yeux revêt la plus grande importance : sa place dans son secteur d'activités ; sa capacité, grâce à son équipe de direction, à être un chef de file passé maître dans le contrôle des coûts ; son aptitude et sa motivation à améliorer sa position. Avec la pratique, on finit par développer un sixième sens !

Une fois que l'analyste connaît bien les décideurs et qu'en retour ceux-ci le tiennent en estime, il n'a plus à se rendre aussi souvent sur les lieux. Il sait interpréter les rapports trimestriels et, en cas de doute, il peut toujours téléphoner aux personnes-ressources.

Pour évaluer un secteur d'activités et les sociétés qui le composent, il est capital d'avoir accès aux personnes qui détiennent l'information pertinente. Si l'analyste ne se donne pas la peine d'obtenir ces renseignements, il risque tôt ou tard d'avoir de mauvaises surprises. Bien entendu, les dirigeants ne feront valoir que les aspects positifs de l'entreprise. C'est à l'analyste d'en découvrir les failles. Avec le temps, il sera en mesure de brosser un portrait assez équilibré. Mais en aucun temps, il ne devra sous-estimer les faiblesses de la société, car elles ne sont jamais inoffensives et pourraient causer des torts irréparables, bien au-delà des perceptions de la Bourse.

Chapitre 13

Les signaux d'alarme

Jusqu'à maintenant, j'ai surtout discuté des critères de sélection des sociétés dans lesquelles il est judicieux d'investir. Le présent chapitre traitera de certaines situations et caractéristiques qui, au contraire, devraient semer le doute dans l'esprit de l'investisseur. Ce sont autant de signaux d'alarme qui indiquent que la gestion de l'entreprise laisse à désirer.

Comme je l'ai déjà mentionné, il faut se méfier des **fusions.** Dans la plupart des cas, les choses tournent mal pour la nouvelle entité, même si dans les premiers temps son bénéfice par action augmente de quelques sous. Ainsi, un détaillant qui initie une intégration verticale n'arrivera jamais à maîtriser les habiletés nécessaires à la fabrication, à la distribution, etc. Les regroupements transculturels sont également risqués. Le dirigeant d'une société allemande qui absorbe sa concurrente de Chicago constatera rapidement qu'il ne connaît rien aux principes de gestion à l'américaine. Ne sachant trop comment s'y prendre avec ses effectifs du Midwest, il cherchera peut-être à recruter un gestionnaire sur place, pour bientôt découvrir que, dans un pays comme les États-Unis, les gens qualifiés ne sont pas au chômage.

Autre cas de figure : l'achat d'une petite entreprise par une grande société du même secteur. Le propriétaire de la PME empochera probablement le produit de la vente sans envisager de faire carrière au sein de la nouvelle entité, car sa personnalité d'entrepreneur n'est pas compatible avec une organisation bureaucratique. Ses meilleurs collaborateurs l'imiteront sans doute s'ils ne comprennent pas ou ne respectent pas leur nouveau supérieur, ou encore si le moral des effectifs est à zéro. Dans le meilleur des cas, il y aura cohabitation de deux cultures. Bref, la liste des problèmes potentiels engendrés par les fusions est interminable.

La **grande société à propriétaire unique** présente un autre type de difficultés. Dans ce cas, l'entrepreneur-fondateur n'arrive plus à avoir la mainmise sur tous les secteurs, sans pourtant avoir appris à déléguer. S'il prend sa retraite, ses collaborateurs devront être réaffectés ou carrément remplacés, car ils n'ont pas le sens de l'initiative. La société devra être complètement réorganisée. Advenant qu'un des enfants du fondateur tente de prendre la relève, il s'efforcera, en vain, d'imiter son père. La plupart du temps, ce type d'entreprise ne survit pas au départ du propriétaire, surtout si aucun véritable successeur n'a été pressenti.

Une société issue de la **rationalisation** ou de la **consolidation d'un secteur ou d'une industrie** devra affronter, elle aussi, la coexistence des cultures. Mais le casse-tête pourra être évité si la nouvelle entité est prise en charge par une personne qui saura se débarrasser des poids morts pour ne garder que les meilleures ressources des deux entités. Un expert en finances doublé d'un leader qui ne fait pas de quartier ! S'il s'entoure de collaborateurs capables d'intéresser et de retenir les employés les plus compétents, il réussira à instaurer une culture en mosaïque. Il arrive que ça fonctionne. En revanche, si on n'a regroupé des entreprises que pour profiter de faibles ratios cours/bénéfice, la nouvelle organisation finira par se démanteler, car personne n'y trouvera son compte. Une compagnie dirigée par quelqu'un qui ne comprend rien d'autre que les rouages financiers est vouée à l'échec.

Il n'est pas garanti qu'une compagnie exempte de **dettes** soit sans danger. Son niveau d'endettement augmentera considérablement si un dirigeant décide un jour d'utiliser l'emprunt comme levier d'expansion rapide. Elle devra alors assumer des frais très élevés et pour peu qu'elle évolue dans un secteur très concurrentiel, sa situation deviendra précaire. Le risque de l'investisseur sera alors décuplé.

Avis aux **analystes qui visitent les sociétés** : ne tombez pas en amour avec une entreprise ou un secteur. Il vous arrivera de rencontrer des dirigeants qui sauront comment s'y prendre pour faire baisser votre garde. Si vous êtes sous le charme, vous envisagerez les choses sous un jour un peu trop favorable, ce qui n'est guère souhaitable. Ne relâchez jamais votre vigilance et ne cessez jamais de remettre les choses en question. Une entreprise affichant de bons rendements boursiers a toujours l'air en meilleure posture. Mais il se peut que cette performance soit due aux manières adroites des dirigeants. En réalité, une société moins flamboyante peut être plus solide.

L'analyse des titres n'est pas une recette. C'est un art qui nécessite beaucoup d'expérience. L'analyste doit développer un instinct qui le guidera dans l'examen des informations quantitatives et qualitatives qu'il aura accumulées. C'est un peu comme un collectionneur d'art qui développe un œil sûr. Avec le temps, il saura reconnaître la valeur relative d'une toile. C'est la même chose avec une entreprise. Dans cette perspective, l'analyste se tiendra loin des secteurs ou des compagnies dont il ne parviendra pas à dresser un portrait cohérent, malgré ses recherches. Il évitera toutefois de tirer des conclusions hâtives et maintiendra sa surveillance pendant quelques années pour s'assurer que rien ne lui a échappé.

Les précédents conseils sont particulièrement pertinents pour les **secteurs ou entreprises en vogue.** Les modes sont éphémères ; une fois qu'un titre ne suscite plus l'engouement, les vendeurs envahissent le marché. L'industrie des technologies de pointe illustre très bien ce phénomène. Comme c'est un secteur très accessible, il se caractérise par la surcapacité. Les entreprises se livrent une concurrence féroce et sont toutes plus fragiles les unes que les autres. Même les plus solides n'ont pas une grande espérance de vie. Dans ce contexte, il est difficile de discerner quelque tendance que ce soit.

Il est également très difficile de faire des prévisions pour les **industries minière et métallurgique.** Ce sont des secteurs très cycliques qui, à long terme, affichent une croissance inférieure à celle de l'économie dans son ensemble. Dans le creux de la vague, on va jusqu'à fermer les mines, car leurs coûts d'exploitation pèsent lourd, tandis qu'en période de prospérité leurs bénéfices augmentent de façon exponentielle. N'achetez ce type d'actions que si vous jouez sur les fluctuations et après vous être assuré que les compagnies en cause ont une structure de coûts qui leur permettra de survivre. Veillez à vendre vos titres à temps pour ne pas être obligé de les conserver pendant toute la période précédant la prochaine remontée (parfois cinq ans). Pareillement, il vaut mieux vous tenir éloigné des **transporteurs aériens,** qui ne suscitent guère plus d'optimisme ; c'est à peine s'ils réussiront à se maintenir en vie. De façon générale, oubliez les secteurs en déclin, car il est toujours plus ardu d'aller à contre-courant.

Visez les sociétés durables et sûres, qui ne réservent pas de mauvaises surprises. De façon générale, le secteur des **soins de santé** répond à ces critères et est profitable pour les investisseurs. Les entreprises pharmaceutiques ont cependant beaucoup plus de difficulté qu'autrefois à faire de véritables percées. En effet, la rapidité avec laquelle on procède désormais à l'évaluation informatique des composés chimiques diminue les chances de faire des découvertes, au sens classique du terme. Certes, la génomique ouvre de nouveaux horizons, mais surtout pour les chercheurs. Bien que prometteurs, les agents inhibiteurs ne sont pas sans risque ; comme c'est le cas de tous les médicaments, les effets secondaires potentiels de ces substances doivent être rigoureusement contrôlés, à défaut de quoi les fabricants seront passibles de poursuites en cas de problème. Les **fabricants de produits de tabac et de boissons** sont solides et stables, quoique les premiers sont, eux aussi, susceptibles de faire l'objet de poursuites. Quant au secteur de la **vente au détail de produits pharmaceutiques et d'alimentation**, il a fait ses preuves et est recommandable dans la mesure où les sociétés sélectionnées sont gérées de manière impeccable.

La performance du **secteur des finances** est, elle aussi, tributaire de la gestion. De plus, les mauvaises politiques d'une société peuvent se répercuter sur l'ensemble du secteur, car les compagnies d'assurance et les banques ont un esprit grégaire très développé et ont tendance à se suivre.

En matière d'investissement, tout est transitoire, y compris les perceptions. C'est en partie pourquoi on dit que faire de bons placements est un art. Bien sûr, vous avez intérêt à éviter les erreurs évidentes, mais lorsque vous vous trompez, rappelez-vous que tout est relatif et que d'autres ont fait pire que vous. La discipline est essentielle. Contrairement à plusieurs pontes du placement qui veulent doubler ou quadrupler leur mise en peu de temps, je vise une croissance stable et progressive. J'ai plus d'affinités avec la tortue qu'avec le lièvre.

Je suis ravi de tomber sur une action qui offre un rendement annuel de 12 %, car plus le taux de rendement est élevé, plus vite je doublerai ma mise. J'opte néanmoins pour une méthode de placement qui me permet de bénéficier d'une croissance régulière plutôt qu'en dents de scie. J'arriverais au but que je me suis fixé d'une manière ou d'une autre, mais la première est prévisible et rassurante, tandis que la deuxième peut rendre à bout de nerfs même si elle est plus palpitante. Je cherche donc essentiellement à investir dans les grandes sociétés. Une grande entreprise a souvent un second souffle lorsqu'une nouvelle équipe de direction prend le relais, ce qui est rarement le cas dans une petite organisation.

Lorsque vous avez terminé votre recherche et que vous avez sélectionné les titres qui vous intéressent, demandez-vous à quel prix vous êtes prêt à les acheter et à les vendre. Puisque vous visez une croissance capitalisée maximum, moins cher vous paierez, plus vous gagnerez, toutes choses étant égales par ailleurs. Basez-vous sur une juste valeur marchande pour déterminer ce qui est abordable et inabordable. Bien entendu, vous devrez vous attendre à débourser davantage pour un titre à forte croissance à prévisibilité claire avec direction exemplaire. Tout tentants qu'ils soient, oubliez les titres qui ne respectent pas vos critères de sélection. Ne dérogez pas à la discipline de placement à long terme que vous vous êtes imposée.

Chapitre 14

La Fondation Jarislowsky : la générosité raisonnée

Comme le dit la Bible, il y a plus de bonheur à donner qu'à recevoir. En fait, renchérit Andrew Carnegie, il est plus facile de gagner de l'argent que d'en donner intelligemment. Je suis on ne peut plus d'accord. Il faut toujours prendre soin de faire la charité aux personnes dans le besoin, non aux petits malins ! Pour paraphraser le philosophe juif Maïmonide, je dirai qu'il est plus généreux d'apprendre à un mendiant à se servir d'une canne à pêche que de lui faire l'aumône. Il s'agit de l'aider à se reprendre en mains, à retrouver son assurance et à devenir un citoyen à part entière.

La véritable générosité doit être efficace et viser des objectifs mesurables. On n'a pas intérêt à donner aveuglément ou à mêler sentimentalisme et charité. Pour faire œuvre de bienfaisance, il faut faire appel à des gens intègres et s'assurer que les dons n'aboutiront pas dans de mauvaises mains. C'est une activité compliquée et exigeante, qui doit être organisée, supervisée et bien gérée. C'est du moins ainsi que je vois les choses. Il m'importe également de savoir ce que mes dons permettront d'accomplir et quels seront les coûts impliqués.

Malheureusement, les efforts de plusieurs organismes caritatifs sont pratiquement inutiles, car une trop grande partie de l'argent qu'ils amassent sert à rétribuer les collecteurs de fonds ou est absorbée par les frais d'administration. Même les organisations qui n'ont pas à assumer de telles dépenses obtiennent de piètres résultats. Une partie du problème vient du fait qu'en général les organismes caritatifs sont gérés, tant bien que mal, par des gens sous-payés ou carrément bénévoles.

Quel pourcentage des fonds recueillis sert vraiment à aider les plus démunis de l'Afrique ou de l'Amérique du Sud, à financer la recherche sur le cancer ou à lutter contre la pauvreté[9] ? Faute de mécanisme de supervision de l'allocation des dons, le donateur est souvent le seul à profiter de sa propre générosité, car elle lui permet de se déculpabiliser ! Malgré leurs bonnes intentions, les gens peuvent en effet tomber sur des organismes mal structurés, inefficaces ou carrément malhonnêtes ; nous en avons tous entendu parler. Même les organisations les plus solides n'arriveront pas à grand-chose si elles ne sont pas gérées par des administrateurs compétents.

Malgré tout, si vous êtes à la tête d'une immense fortune, vous envisagez probablement d'en verser une partie à des œuvres de bienfaisance puisqu'il est n'est pas toujours judicieux de léguer la totalité de ses biens à ses enfants. « Le plus riche, en mourant, n'emporte qu'un linceul », dit le proverbe. Si vous ne savez quoi faire de votre argent, d'autres lui trouveront certainement une utilité ! Vous avez intérêt à faire des dons de votre vivant pour éviter tout gaspillage après votre décès.

Autrefois, on considérait la charité comme un devoir religieux, voire comme un billet pour le paradis ; il était courant de payer une dîme (l'équivalent de 10 % du revenu) à l'église. Les choses ont changé depuis. Aux États-Unis, la bienfaisance organisée est ancrée dans la culture ; nous avons tous entendu parler des fondations Rockefeller, Ford et Gates, mais de nouvelles voient le jour

---

[9]   En réalité, les particuliers aident souvent des causes qui devraient bénéficier de nos impôts.

régulièrement. En revanche, au Canada, il existe très peu de fondations de plus de 100 millions de dollars. Bien que l'idée soit nouvelle, particulièrement au Québec, elle mûrit rapidement. Par exemple, le concept de la fondation communautaire, qui recueille des successions complètes, est de plus en plus populaire. De nombreuses villes de l'ouest du Canada en ont établi.

S'il est difficile de donner intelligemment, il est encore plus compliqué de superviser l'octroi des dons. Lorsqu'on crée une fondation, il faut donc élaborer une politique rigoureuse en la matière et s'y conformer en tout temps. C'est ce que nous nous sommes efforcés de faire il y a 12 ans en mettant sur pied la Fondation Jarislowsky. Elle est constituée des bénéfices non distribués aux associés de Jarislowsky Fraser Ltd, ce qui représente environ 2 % à 7 % de nos revenus annuels, déduction faite de tous les frais autres que les salaires et la rétribution des autres associés (avant impôt, bien entendu).

Jusqu'à maintenant, la Fondation Jarislowsky a accumulé quelque 45 millions de dollars, que nous avons répartis dans une gamme de placements conformes à nos critères habituels. Chaque année, nous faisons don de sommes totalisant 4,5 % de la valeur marchande du capital, soit environ 2 millions de dollars.

Notre fondation compte trois administrateurs, mais aucun employé rémunéré : mon assistante et moi assumons la plupart des tâches. Nous nous sommes donné comme mission de favoriser l'excellence, par opposition à la médiocrité ambiante. Notre cible principale : les chaires d'université. Nous avons aussi financé des projets de recherche médicale sur les maladies rares, l'achat d'instruments médicaux, ainsi qu'un certain nombre de prestations culturelles, dont le Festival littéraire international de Montréal, La Compagnie d'opéra canadienne et le Musée canadien de la guerre. Mais l'essentiel de nos fonds va à la recherche et à l'enseignement universitaires.

Depuis la mise sur pied de la Fondation, nous avons financé 12 chaires, dont la chaire sur la gestion dans le secteur public de l'Université d'Ottawa, en 2003, et une autre sur les religions en conflit à Windsor en 2004. Nous affectons un million de dollars à la création d'une chaire, ce qui représente plus de la moitié de notre budget annuel de dotation. Cette concentration des dons simplifie notre tâche. Le cas échéant, nous versons les sommes non encore attribuées à la fin d'un exercice financier à une ou deux chaires très performantes.

Très rentables, les chaires Jarislowsky contribuent à soutenir des activités d'enseignement et de recherche exceptionnelles dans des domaines pertinents. Nous demandons à l'université, et parfois même au grand public, de verser une contribution égale à la nôtre, et nous profitons souvent des programmes de subventions paritaires des deux paliers de gouvernement. Résultat, la chaire de l'université d'Alberta a bénéficié d'un financement totalisant trois fois notre mise. Grâce à cette combinaison d'appuis financiers et à la croissance à long terme du capital de notre fondation, nos chaires sont très bien dotées.

Nous espérons que nos chaires atteindront un calibre national, voire international, et bénéficieront d'un extraordinaire rayonnement. Il est donc primordial que chacune d'entre elles soit attribuée à un professeur-chercheur dont les compétences, la spécialité et la renommée permettront d'attirer les meilleurs étudiants de partout dans le monde. Rappelons-nous de notre propre expérience à l'université ! Combien de professeurs nous ont vraiment marqués ? Le titulaire de la chaire doit être un modèle pour les étudiants.

Chaque chaire contribue à bâtir la réputation de son université d'accueil dans une discipline particulière. La chaire de l'Université McGill est spécialisée en médecine (urologie) ; celle l'Université de Montréal, en gestion de projets internationaux (génie) ; celle de l'université Concordia, en histoire des beaux-arts (canadiens) ; celle de l'université de la Saskatchewan, en biotechnologie ; celle de l'université de Guelph, en sciences familiales et sciences du travail ; celle de l'université McMaster, en environnement et santé ; celle de l'Université d'Ottawa, en administration publique.

Un comité de cinq personnes veille aux activités de la chaire : deux employés de l'université, deux spécialistes de la discipline (non à l'emploi de l'université) et un membre de la Fondation Jarislowsky. De cette manière, nous réussissons à contourner une bonne partie des jeux politiques de l'université. Le titulaire reçoit habituellement un mandat de cinq ans. Une fois la chaire créée, un professeur peut en assurer l'intérim pendant un an ou deux, en attendant que le bon titulaire soit choisi.

Cette initiative a beaucoup de succès. Dans chaque cas, notre mise de fonds, relativement modeste et non imposable, s'est avérée un levier de financement très efficace. De plus, comme cet investissement représente un fonds de dotation, seuls les bénéfices peuvent être distribués, le capital, lui, est protégé. Il en résulte une croissance encore plus forte, qui à long terme devrait au moins compenser l'inflation. Grâce à l'étroite surveillance exercée par le comité et aux compétences du titulaire, nous savons que ces ressources sont utilisées à bon escient.

En raison de son statut de fondation, chaque chaire est caractérisée par la sécurité financière et une relative souplesse qui permet au comité de corriger d'éventuelles erreurs (la nomination d'un titulaire inadéquat, par exemple). Pour sa part, l'université peut viser la distinction et l'excellence des candidats en offrant une rémunération intéressante et un poste de prestige. De notre côté, nous pouvons maintenir nos dépenses au strict minimum (aucune jusqu'à maintenant), car la création d'une seule chaire par année nécessite peu de travail. Souvent, comme je l'ai mentionné précédemment, ces chaires bénéficient de subventions de recherche supplémentaires de la part du gouvernement ou du secteur privé.

Cette forme de bienfaisance a permis de créer des centres d'excellence à relativement peu de frais dans 12 universités. Non seulement la Fondation fonctionne-t-elle à merveille, mais elle nous donne, à ma femme et à moi, beaucoup de satisfaction. Elle continuera longtemps de jouer un rôle majeur dans le développement de l'enseignement et de la recherche universitaires, tout en accumulant des fonds substantiels eu égard à son taux de dotation actuel. Éventuellement, nous pourrons entreprendre des projets plus vastes et plus complexes.

Notre modèle de fondation pourrait être repris et utilisé à d'autres fins, notamment pour aider les populations pauvres et les malades atteints du sida en Afrique. Mais pour réaliser ce genre de projets, il faudrait collaborer avec des organismes ou des gouvernements, sans grand espoir de mesurer les résultats atteints. À mon sens, ce ne serait pas très efficace. La fondation d'un de mes amis enseigne l'entrepreneurship; une autre, les soins infirmiers en hôpital. Voilà des initiatives valables. Je refuse de donner de l'argent à des projets qui pourraient être financés par nos impôts : bâtisses universitaires, hôpitaux, etc.

Malheureusement, nos gouvernements ne sont pas particulièrement efficaces quand il s'agit de financer ces services essentiels. Par contre, ils excellent à dépenser notre argent de façon peu judicieuse. C'est pourquoi le secteur privé n'a parfois d'autre choix que d'intervenir. Ainsi, de concert avec des partenaires comme la Financière Manuvie, nous avons entrepris au Québec un programme de sensibilisation au cancer de la prostate. Depuis deux ans, nous finançons un site Web québécois sur cette maladie mal connue du grand public. Je crois que, en donnant une foule de renseignements et en encourageant la prévention, ce site favorise la détection précoce de la maladie et contribue à améliorer l'espérance et la qualité de vie de nombreux hommes. C'est là un projet conforme à ma vision de la générosité, qui peut être très efficace et très profitable.

Jarislowsky Fraser compte de nombreux organismes de bienfaisance parmi ses clients, notamment des fondations d'universités et d'hôpitaux. En guise de reconnaissance de leur mission, nous leur imputons des frais de gestion réduits.

Chapitre 15

Aimer son reflet
dans le miroir

Il est difficile de gérer adéquatement ses finances. Et l'affaire se corse quand on a moins de 500 000 $ à investir, car dans ce cas il n'est pas vraiment avantageux de s'offrir les services personnalisés des conseillers en placements. Pourtant, au même titre que les bien nantis, les petits investisseurs ont besoin de conseils pour se constituer un pécule intéressant. Mais il leur arrive souvent de se faire arnaquer par ceux-là mêmes qui prétendent vouloir les aider.

Les courtiers visent à obtenir le maximum de commissions ; les planificateurs financiers cherchent à toucher le plus d'honoraires possible – que ce soit directement ou sous forme de pourcentages sur les produits qu'ils recommandent ; les banques manquent habituellement d'imagination ; les fonds communs de placement ont des frais d'acquisition, de rachat et d'administration trop élevés ; et les avocats et comptables se mêlent parfois de la partie. En somme, le secteur du placement manque de politiques claires et d'orientation, n'est pas encouragé au plan fiscal, et ainsi de suite. Dans ce domaine, on gaspille beaucoup de temps et d'argent qui gagneraient à être utilisés autrement.

Si l'on regarde du côté des caisses de retraite, on constate que les grandes sociétés se déchargent désormais de leurs responsabilités sur le dos des employés en leur offrant strictement des régimes à cotisations déterminées. Plutôt que de bénéficier d'une rente garantie, le salarié doit constituer son propre fonds de retraite en investissant ses cotisations et celles de son employeur dans les placements qu'il sélectionne lui-même parmi les dépôts à terme, obligations, actions ou autres produits qui lui sont proposés.

Un quelconque conseiller explique les différentes options aux employés, tout en leur faisant des suggestions en fonction de leur âge. Mais comme la plupart d'entre eux ignorent ce qui leur convient, ils ont tendance à se rabattre sur les obligations ou le marché monétaire, sans même envisager les actions, qu'ils considèrent trop risquées – ce qui, vous le savez après avoir lu ce livre, n'est pas la bonne solution. Ils peuvent aussi investir dans des fonds communs de placement, qui, en plus de coûter cher, n'offrent pas le meilleur rendement par rapport au risque. En fait, la majorité des fonds communs enregistrent une performance inférieure à celle des principaux indices boursiers.

Si vous avez moins de 40 ans, vous ne vous sentez probablement pas concerné par la retraite et vous ne voyez pas de raison de vous inquiéter. Je crois avoir démontré que c'est une grave erreur. Vous devez compter avec le pouvoir de la croissance capitalisée aussitôt que possible, préférablement dès la naissance. Une somme de 10 000 $ bien placée peut rapporter 2,5 millions 40 ans plus tard. Pourquoi ne pas ambitionner d'être millionnaire à 40 ans?

En réalité, jusqu'à l'âge de 60 ans, vous avez intérêt à investir essentiellement dans le type d'actions ordinaires que j'ai recommandées. À 10 ans de votre retraite, examinez attentivement la composition de votre actif, soit sa répartition entre les actions et les effets à court terme. Si vous avez accumulé quelques millions de dollars, conservez-les sous forme d'actions, sauf si les cours sont très élevés à ce moment. Dans ce cas, placez la moitié de vos avoirs dans un portefeuille d'obligations à échéances échelonnées, dont la durée moyenne sera de cinq à six ans.

Si les marchés sont moyens, optez pour une stratégie légèrement différente. Toujours vers l'âge de 55 ans, transférez aux deux ans environ 10 % de la valeur de vos actifs dans des obligations à court terme. À votre retraite, à supposer que vous la prendrez à 65 ans, vous disposerez d'un portefeuille réparti à parts égales entre les actions et les obligations. Si votre fonds de retraite totalise moins d'un million de dollars et que les cours ont tendance à être surévalués, accélérez ce processus pour ne pas risquer de vous retrouver dans un marché baissier à 65 ans. Ne renoncez jamais complètement aux actions, même tout près de la retraite. Conservez-y toujours (même une fois à la retraite) le quart de vos avoirs (tout modestes soient-ils), surtout en période inflationniste, car contrairement aux espèces ou aux obligations, les actions triomphent de l'inflation avec le temps.

À moins que les cours ne soient excessivement surévalués, restez sur l'autoroute de la croissance capitalisée jusqu'à cinq ans de votre retraite. N'oubliez pas que si la valeur de vos placements double à chaque tranche de cinq ans, cette dernière étape devrait être très profitable : elle vous procurera un montant égal à celui que vous avez accumulé pendant toutes les années précédentes réunies. Ce n'est pas le moment de saborder votre programme en investissant dans des actions à rendement moyen.

Si vous devez choisir des fonds commun de placement dans le cadre du régime de pension de votre employeur, optez pour ceux qui sont conformes aux principes présentés dans ce livre et dont les frais d'exploitation sont peu élevés (1 % maximum). L'indice Dow Jones compte plusieurs titres qui correspondent à ce profil. Si rien de mieux ne vous est offert, allez-y carrément pour un fonds calqué sur cet indice. Vous ne vous ruinerez pas en frais et obtiendrez probablement un bon rendement. Assurez-vous également de maximiser le contenu étranger de vos placements à l'intérieur des limites permises. Pour remplir la portion canadienne de votre portefeuille, tournez-vous vers les fonds d'actions de premier ordre. Sachez cependant qu'au Canada l'économie demeure très axée sur les ressources et repose sur des secteurs très cycliques. De ce fait, nous comptons peu de sociétés de calibre international en forte croissance, qui émettent le genre d'actions que j'ai recommandées. Il y a donc fort à parier qu'à long terme vos placements canadiens freineront la performance de vos titres étrangers.

Il vaut la peine d'examiner les titres contenus dans le portefeuille du fonds de pension de votre employeur. Si vous constatez que peu d'entre eux ont ce qu'il faut pour vous permettre d'atteindre vos objectifs de retraite, informez-vous des autres placements disponibles. Vous trouverez peut-être des produits qui vous conviendront davantage; il est probable qu'ils soient également plus adéquats pour vos collègues.

Optez pour un REER autogéré et convertissez-le en fonds enregistré de revenu de retraite lorsque vous atteindrez l'âge de 69 ans. Ainsi, vous pourrez continuer d'investir intelligemment et à peu de frais toute votre vie durant.

Essayez d'économiser le plus possible pendant que vous êtes jeune, afin de profiter longtemps de la croissance capitalisée. Passé le cap des 40 ans, veillez aussi à jouir de la vie. À ce stade, vous aurez probablement accumulé un joli pécule et, à mesure que votre horizon de placement rétrécira, vous n'aurez plus besoin de mettre autant d'argent de côté. Le temps sera alors venu d'améliorer votre bien-être matériel de façon durable, mais toujours à l'intérieur des limites de votre revenu.

Le petit investisseur aurait tort de croire que la tâche est insurmontable. Au contraire, il a toutes les chances de réussir s'il apprend à connaître certains principes de placement éprouvés et les respecte religieusement. Dans cette perspective, il a tout intérêt à opter pour des placements de croissance de premier ordre et à se montrer patient.

Dernier conseil, cette fois ne touchant pas à l'investissement: faites de votre existence quelque chose de bien. Restez loyal envers vos mentors, vos collègues et surtout vos proches. Vous aurez particulièrement besoin de votre famille et vos amis en vieillissant. Si vous devenez riche, adoptez un style de vie sobre, mais ne soyez pas avare. Établissez votre propre échelle de valeurs et observez-la. Accordez le bénéfice du doute à tout le monde, mais fuyez les malhonnêtes; faites preuve d'intégrité, exigez qu'on vous rende la pareille et éloignez-vous de ceux qui ne respectent pas ces règles morales. Mais surtout, assurez-vous d'apprécier l'image que vous renvoie le miroir!